Rés. p. Z p° 2
1444   10380
 (1)   (1)

LETTRES
ÉCRITES DE LA
MONTAGNE.

PAR J. J. ROUSSEAU.

PREMIERE PARTIE.

VITAM
IMPENDERE
VERO.

A AMSTERDAM,
Chez MARC MICHEL REY,
MDCCLXIV.

AVERTISSEMENT.

C'est revenir tard, je le sens, sur un sujet trop rebattu & déja presque oublié. Mon état, qui ne me permet plus aucun travail suivi, mon aversion pour le genre polémique, ont causé ma lenteur à écrire & ma répugnance à publier. J'aurois même tout à fait supprimé ces Lettres, ou plutôt je ne les aurois point écrites, s'il n'eut été question que de moi. Mais ma Patrie ne m'est pas tellement devenue étrangere que je puisse voir tranquillement opprimer ses Citoyens, surtout lorsqu'ils n'ont compromis leurs droits qu'en défendant ma Cause. Je serois le dernier des hommes si dans une telle occasion j'écoutois un sentiment qui n'est plus ni douceur ni patience, mais foiblesse & lâcheté, dans celui qu'il empêche de remplir son devoir.

Rien de moins important pour le public, j'en conviens, que la matiere de ces Lettres.

✱

AVERTISSEMENT.

La Constitution d'une petite République, le sort d'un petit particulier, l'exposé de quelques injustices, la réfutation de quelques sophismes; tout cela n'a rien en soi d'assez considérable pour mériter beaucoup de Lecteurs: Mais si mes sujets sont petits mes objets sont grands, & dignes de l'attention de tout honnête homme. Laissons Genève à sa place, & Rousseau dans sa dépression; mais la Religion, mais la liberté, la justice! voila, qui que vous soyez, ce qui n'est pas au dessous de vous.

Qu'on ne cherche pas même ici dans le style le dédomagement de l'aridité de la matière. Ceux que quelques traits heureux de ma plume ont si fort irrités trouveront dequoi s'appaiser dans ces Lettres. L'honneur de défendre un opprimé eut enflamé mon cœur si j'avois parlé pour un autre. Réduit au triste emploi de me défendre moi-même, j'ai du me borner à

AVERTISSEMENT.

raifonner; m'échauffer eut été m'avilir. J'aurai donc trouvé grace en ce point devant ceux qui s'imaginent qu'il eſt eſſenciel à la vérité d'être dite froidement; opinion que pourtant j'ai peine à comprendre. Lorſqu'une vive perſuaſion nous anime, le moyen d'employer un langage glacé? Quand Archimede tout tranſporté couroit nud dans les rues de Syracuſe, en avoit-il moins trouvé la vérité parce qu'il ſe paſſionnoit pour elle? Tout au contraire, celui qui la ſent ne peut s'abſtenir de l'adorer; celui qui demeure froid ne l'a pas vue.

Quoi qu'il en ſoit, je prie les Lecteurs de vouloir bien mettre à part mon beau ſtyle, & d'examiner ſeulement ſi je raiſonne bien ou mal; car enfin, de cela ſeul qu'un Auteur s'exprime en bons termes, je ne vois pas comment il peut s'enſuivre que cet Auteur ne ſait ce qu'il dit.

TABLE
DES
LETTRES

Et de leur contenu.

PREMIERE PARTIE.

LETTRE PREMIERE. Pag. 1

Etat de la question par rapport à l'Auteur. Si elle est de la compétence des Tribunaux civils. Maniere injuste de la résoudre.

LETTRE II. 63

De la Religion de Geneve. Principes de la Réformation. L'Auteur entame la discussion des miracles.

TABLE

LETTRE III.   Pag. 106

Continuation du même Sujet. Court examen de quelques autres accusations.

LETTRE IV.   179

L'Auteur se suppose coupable; il compare la procédure à la Loi.

LETTRE V.   216

Continuation du même Sujet. Jurisprudence tirée des procédures faites en cas semblables. But de l'Auteur en publiant la profession de foi.

LETTRE VI.   311

S'il est vrai que l'Auteur attaque les Gouvernemens. Courte analyse de son Livre. La procédure faite à Genève est sans exemple, & n'a été suivie en aucun pays.

SECONDE PARTIE.

LETTRE VII. Pag. 1

Etat présent du Gouvernement de Genève, fixé par l'Edit de la Médiation.

LETTRE VIII. Page 61

Esprit de cet Edit. Contrepoids qu'il donne à la Puissance aristocratique. Entreprise du petit Conseil d'anéantir ce contrepoids par voye de fait. Examen des inconvéniens allégués. Système des Edits sur les emprisonnemens.

LETTRE IX. 149

Maniere de raisonner de l'Auteur des Lettres écrites de la Campagne. Son vrai but dans cet Ecrit. Choix de ces exemples. Caractere de la Bourgeoisie de Genève. Preuve par les faits. Conclusion.

FIN.

AVERTISSEMENT DU LIBRAIRE.

J'Ai fait ce qui a dépendu de moi pour rendre l'édition de ces Lettres correcte; il s'y est néanmoins glifé quelques fautes d'impression, que le lecteur corrigera aisément. Voyez l'errata.

Catalogue des Ouvrages de Mr. J. J. Rousseau, que j'ai imprimés sur ces Manuscrits.

Discours sur l'origine & les fondemens de l'inégalité parmi les Hommes,
Lettre contre les Spectacles,
Julie, ou la nouvelle Heloïse,
Principes du Droit politique,
Lettre de J. J. Rousseau à Christophe de Beaumont,
Lettres écrites de la Montagne.

ERRATA

Premiere partie.

page	ligne	faute	lisez.
272	3	partout	par tout
273	13	fes	ces
306	17	l'amour,	de l'amour de

Seconde partie.

page	ligne	faute	lisez.
39	9	point	points
90	3	quelques	quelque
124	12	ces	cet.

AVIS au Relieur.

Il y a 4 Cartons qui se trouvent imprimés avec la feuille marquée d'une étoile, le Relieur aura soin de les placer exactement à leur place.

LETTRES

LETTRES
ÉCRITES DE LA
MONTAGNE.

PREMIERE LETTRE.

Non, Monsieur, je ne vous blâme point de ne vous être pas joint aux Repréſentans pour ſoutenir ma cauſe. Loin d'avoir approuvé moi-même cette démarche, je m'y ſuis oppoſé de tout mon pouvoir, & mes parens s'en ſont retirés à ma ſollicitation. L'on s'eſt tu quand il falloit parler; on a parlé quand il ne reſtoit qu'à ſe taire. Je prévis l'inutilité des répréſentations, j'en preſſentis les conſéquences: je jugeai que leurs ſuites inévitables troubleroient le repos public, ou changeroient la conſtitution de l'Etat. L'événement a trop juſtifié mes craintes. Vous voila réduits à l'alternative qui m'effrayoit. La crise où vous êtes exige une autre délibération dont je ne suis plus l'objet. Sur ce qui a été fait vous demandez ce que vous devez faire: vous considérez que l'effet de ces démarches, étant rélatif au corps de la Bourgeoisie, ne retombera pas moins sur ceux qui s'en sont abstenus que sur ceux qui les ont faites. Ainsi, quels qu'aient été d'abord les divers avis, l'intérêt commun doit ici tout réunir. Vos droits réclamés & attaqués ne peuvent plus demeurer en doute ; il faut qu'ils soient reconnus ou anéantis, & c'est leur évidence qui les met en peril. Il ne falloit pas approcher le flambeau durant l'orage ; mais aujourd'hui le feu est à la maison.

Quoiqu'il ne s'agisse plus de mes intérêts, mon honneur me rend toujours partie dans cette affaire ; vous le savez, & vous me consul-

LETTRE

tez toutefois comme un homme neutre; vous supposez que le préjugé ne m'aveuglera point & que la passion ne me rendra point injuste: je l'espere aussi; mais dans des circonstances si délicates, qui peut répondre de soi? Je sens qu'il m'est impossible de m'oublier dans une querelle dont je suis le sujet, & qui a mes malheurs pour premiere cause. Que ferai-je donc, Monsieur, pour répondre à votre confiance & justifier votre estime autant qu'il est en moi? Le voici. Dans la juste défiance de moi-même, je vous dirai moins mon avis que mes raisons: vous les péserez, vous comparerez, & vous choisirez. Faites plus; défiez-vous toujours, non de mes intentions; Dieu le fait, elles sont pures; mais de mon jugement. L'homme le plus juste, quand il est ulcéré voit rarement les choses comme elles sont. Je ne veux sûrement pas vous tromper, mais je puis me tromper; je le pourrois en toute autre chose, & cela doit arriver ici plus probablement. Tenez-vous donc sur vos gardes, & quand je n'aurai pas dix fois raison, ne me l'accordez pas une.

Voila, Monsieur, la précaution que vous devez prendre, & voici celle que je veux prendre à mon tour. Je commencerai par vous parler de moi, de mes griefs, des durs procédés de vos Magistrats; quand cela sera fait & que j'aurai bien soulagé mon cœur, je m'oublierai moi-même; je vous parlerai de vous, de votre situation, c'est-à-dire, de la République; & je ne crois pas trop présumer de moi, si j'espere, au moyen de cet arrangement, traiter avec équité la question que vous me faites.

J'ai été outragé d'une maniere d'autant plus cruelle que je me flatois d'avoir bien mérité de

LETTRE.

la Patrie. Si ma conduite eut eu befoin de grace, je pouvois raifonnablement efpérer de l'obtenir. Cependant, avec un empreffement fans exemple, fans avertiffement, fans citation, fans examen, on s'eft hâté de flétrir mes Livres; on a fait plus; fans égard pour mes malheurs pour mes maux pour mon état, on a décrété ma perfonne avec la même précipitation, l'on ne m'a pas même épargné les termes qu'on employe pour les malfaiteurs. Ces Meffieurs n'ont pas été indulgens, ont-ils du moins été juftes? C'eft ce que je veux rechercher avec vous. Ne vous effrayez pas, je vous prie, de l'étendue que je fuis forcé de donner à ces Lettres. Dans la multitude de queftions qui fe préfentent, je voudrois être fobre en paroles: mais, Monfieur, quoi qu'on puiffe faire, il en faut pour raifonner.

Raffemblons d'abord les motifs qu'ils ont

donnés de cette procédure, non dans le réquisitoire, non dans l'arrêt, porté dans le secret, & resté dans les ténebres (1); mais dans les réponses du Conseil aux Représentations des Citoyens & Bourgeois, ou plutôt dans les Lettres écrites de la Campagne : ouvrage qui leur sert de manifeste, & dans lequel seul ils daignent raisonner avec vous.

„ Mes Livres sont, " disent-ils, „ impies „ scandaleux téméraires, pleins de blasphèmes „ & de calomnies contre la Religion. Sous „ l'apparence des doutes l'Auteur y a rassem-

___

(1) Ma famille demanda par Requête communication de cet Arrêt. Voici la réponse.
    Du 25 Juin 1762.
„ *En Conseil ordinaire, vû la présente Requête,*
„ *arrêté qu'il n'y a lieu d'accorder aux suppliants les*
„ *fins d'icelle.*
    LULLIN.

L'Arrêt du Parlement de Paris fut imprimé aussitôt que rendu. Imaginez ce que c'est qu'un Etat libre où l'on tient cachés de pareils Décrets contre l'honneur & la liberté des Citoyens!

LETTRE.

„ blé tout ce qui peut tendre à fapper, ébran-
„ ler & détruire les principaux fondemens de
„ la Religion Chrétienne révélée.

„ Ils attaquent tous les Gouvernemens.

„ Ces Livres font d'autant plus dangereux
„ & répréhenfibles qu'ils font écrits en Fran-
„ çois, du ftyle le plus féducteur, qu'ils pa-
„ roiffent fous le nom & la qualification d'un
„ Citoyen de Genève, & que, felon l'inten-
„ tion de l'Auteur, l'Émile doit fervir de gui-
„ de aux peres aux meres aux précepteurs.

„ En jugeant ces Livres, il n'a pas été
„ poffible au Confeil de ne jetter aucun regard
„ fur celui qui en étoit préfumé l'Auteur."

Au refte, le Decret porté contre moi
„ n'eft, " continuent-ils, „ ni un jugement
„ ni une fentence, mais un fimple appointe-
„ ment provifoire qui laiffoit dans leur entier
„ mes exceptions & défenfes, & qui dans le

PREMIERE

„ cas prévu servoit de préparatoire à la pro-
„ cédure prescritte par les Edits & par l'Or-
„ donnance ecclesiastique."

A cela les Réprésentans, sans entrer dans
l'examen de la doctrine, objecterent; „ que
„ le Conseil avoit jugé sans formalités prélimi-
„ naires : que l'Article 88 de l'Ordonnance
„ ecclésiastique avoit été violé dans ce juge-
„ ment : que la procédure faite en 1562 contre
„ Jean Morelli à forme de cet Article en
„ montroit clairement l'usage, & donnoit par
„ cet exemple une jurisprudence qu'on n'au-
„ roit pas du mépriser ; que cette nouvelle
„ maniere de procéder étoit même contraire à
„ la regle du Droit naturel admise chez tous
„ les peuples, laquelle exige que nul ne soit
„ condanné sans avoir été entendu dans ses
„ défenses; qu'on ne peut flétrir un ouvrage
„ sans flétrir en même tems l'Auteur dont il

„ porte le nom; qu'on ne voit pas quelles ex-
„ ceptions & défenses il reste à un homme dé-
„ claré impie, téméraire, scandaleux, dans
„ ses écrits, & après la sentence rendue &
„ exécutée contre ces mêmes écrits, puisque
„ les choses n'étant point susceptibles d'infa-
„ mie, celle qui résulte de la combustion d'un
„ Livre par la main du Bourreau rejaillit né-
„ cessairement sur l'Auteur : d'où il suit qu'on
„ n'a pu enlever à un Citoyen le bien le plus
„ précieux, l'honneur; qu'on ne pouvoit dé-
„ truire sa réputation, son état, sans com-
„ mencer par l'entendre; que les ouvrages
„ condamnés & flétris méritoient du moins
„ autant de support & de tolérance que divers
„ autres écrits où l'on fait de cruelles satyres
„ sur la Religion, & qui ont été répandus &
„ même imprimés dans la Ville : qu'enfin par
„ rapport aux Gouvernemens, il a toujours

„ été permis dans Genève de raisonner libre-
„ ment sur cette matiere générale, qu'on n'y
„ défend aucun Livre qui en traite, qu'on n'y
„ flétrit aucun Auteur pour en avoir traité,
„ quel que soit son sentiment; & que, loin
„ d'attaquer le Gouvernement de la Républi-
„ que en particulier, je ne laisse échapper au-
„ cune occasion d'en faire l'éloge."

A ces objections il fut répliqué de la part
du Conseil; „ que ce n'est point manquer à la
„ regle qui veut que nul ne soit condanné sans
„ l'entendre, que de condanner un Livre a-
„ près en avoir pris lecture & l'avoir examiné
„ suffisamment : que l'Article 88 des Ordon-
„ nances n'est applicable qu'à un homme qui
„ dogmatise & non à un Livre destructif de
„ la Religion Chrétienne : qu'il n'est pas vrai
„ que la flétrissure d'un ouvrage se communi-
„ que à l'Auteur, lequel peut n'avoir été

,, qu'imprudent ou maladroit : qu'à l'égard des
,, ouvrages scandaleux tolérés ou même impri-
,, més dans Genève, il n'est pas raisonnable
,, de prétendre que pour avoir dissimulé quel-
,, quefois, un Gouvernement soit obligé de
,, dissimuler toujours ; que d'ailleurs les Livres
,, où l'on ne fait que tourner en ridicule la
,, Religion ne sont pas à beaucoup près aussi
,, punissables que ceux où sans détour on l'at-
,, taque par le raisonnement. Qu'enfin ce que
,, le Conseil doit au maintien de la Religion
,, Chrétienne dans sa pureté, au bien public,
,, aux Loix, & à l'honneur du Gouvernement
,, lui ayant fait porter cette sentence, ne lui
,, permet ni de la changer ni de l'affoiblir."

Ce ne sont pas là toutes les raisons objections & réponses qui ont été alléguées de part & d'autre, mais ce sont les principales, & elles suffisent pour établir par rapport à moi la

PREMIERE

question de fait & de droit.

Cependant comme l'objet, ainsi présenté, demeure encore un peu vague, je vais tâcher de le fixer avec plus de précision, de peur que vous n'étendiez ma défense à la partie de cet objet que je n'y veux pas embrasser.

Je suis homme & j'ai fait des Livres ; j'ai donc fait aussi des erreurs (2). J'en apperçois moi-même en assez grand nombre : je ne doute pas que d'autres n'en voyent beaucoup davantage, & qu'il n'y en ait bien plus encore que ni moi ni d'autres ne voyons point. Si l'on ne dit que cela j'y souscris.

---

(2) Exceptons, si l'on veut, les Livres de Géométrie & leurs Auteurs. Encore s'il n'y a point d'erreurs dans les propositions mêmes, qui nous assurera qu'il n'y en ait point dans l'ordre de déduction, dans le choix, dans la méthode? Euclide démontre, & parvient à son but : mais quel chemin prend-il? combien n'erre-t-il pas dans sa route? La science a beau être infaillible ; l'homme qui la cultive se trompe souvent.

LETTRE.

Mais quel Auteur n'eſt pas dans le même cas, ou s'oſe flatter de n'y pas être ? Là-deſſus donc, point de diſpute. Si l'on me réfute & qu'on ait raiſon, l'erreur eſt corrigée & je me tais. Si l'on me réfute & qu'on ait tort, je me tais encore ; dois-je répondre du fait d'autrui ? En tout état de cauſe, après avoir entendu les deux Parties, le public eſt juge, il prononce, le Livre triomphe ou tombe, & le procès eſt fini.

Les erreurs des Auteurs ſont ſouvent fort indifférentes ; mais il en eſt auſſi de domageables, même contre l'intention de celui qui les commet. On peut ſe tromper au préjudice du public comme au ſien propre ; on peut nuire innocemment. Les controverſes ſur les matieres de juriſprudence, de morale, de Religion tombent fréquemment dans ce cas. Néceſſairement un des deux diſputans ſe trompe, &

l'erreur fur ces matieres important toujours devient faute ; cependant on ne la punit pas quand on la préfume involontaire. Un homme n'eft pas coupable pour nuire en voulant fervir, & fi l'on pourfuivoit criminellement un Auteur pour des fautes d'ignorance ou d'inadvertance, pour de mauvaifes maximes qu'on pourroit tirer de fes écrits très conféquemment mais contre fon gré, quel Ecrivain pourroit fe mettre à l'abri des pourfuites ? Il faudroit être infpiré du Saint Efprit pour fe faire Auteur & n'avoir que des gens infpirés du Saint Efprit pour juges.

Si l'on ne m'impute que de pareilles fautes, je ne m'en défends pas plus que des fimples erreurs. Je ne puis affirmer n'en avoir point commis de telles, parce que je ne fuis pas un Ange ; mais ces fautes qu'on prétend trouver dans mes Ecrits peuvent fort bien n'y pas être, parce que ceux qui les y trouvent ne font pas des Anges, non plus. Hommes & fujets à l'erreur ainfi que moi, fur quoi prétendent-ils que leur raifon foit l'arbitre de la mienne, & que je fois puniffable pour n'avoir pas penfé comme eux?

Le public eft donc auffi le juge de femblables fautes; fon blâme en eft le feul châtiment. Nul ne peut fe fouftraire à ce Juge, & quant-à-moi je n'en appelle pas. Il eft vrai que fi le Magiftrat trouve ces fautes nuifibles il peut défendre le Livre qui les contient; mais je le répette; il ne peut punir pour cela l'Auteur qui les a commifes; puifque ce feroit punir un délit qui peut être involontaire, & qu'on ne doit punir dans le mal que la volonté. Ainfi ce n'eft point encore là ce dont il s'agit.

Mais il y a bien de la différence entre un Livre qui contient des erreurs nuifibles & un

Livre pernicieux. Des principes établis, la chaîne d'un raisonnement suivi, des conséquences déduites manifestent l'intention de l'Auteur, & cette intention dépendant de sa volonté rentre sous la jurisdiction des Loix. Si cette intention est évidemment mauvaise, ce n'est plus erreur, ni faute, c'est crime; ici tout change. Il ne s'agit plus d'une dispute littéraire dont le public juge selon la raison, mais d'un procès criminel qui doit être jugé dans les Tribunaux selon toute la rigueur des Loix; telle est la position critique où m'ont mis des Magistrats qui se disent justes, & des Ecrivains zélés qui les trouvent trop clémens. Sitôt qu'on m'apprête des prisons, des bourreaux, des chaînes, quiconque m'accuse est un délateur; il sait qu'il n'attaque pas seulement l'Auteur mais l'homme, il sait que ce

qu'il

qu'il écrit peut influer sur mon sort (3) ; ce n'est plus à ma seule réputation qu'il en veut, c'est à mon honneur, à ma liberté, à ma vie.

Ceci, Monsieur, nous ramene tout d'un coup à l'état de la question dont il me paroit que le public s'écarte. Si j'ai écrit des choses répréhensibles on peut m'en blâmer, on peut supprimer le Livre. Mais pour le flétrir, pour

---

(3) Il y a quelques années qu'à la premiere apparition d'un Livre célebre je résolus d'en attaquer les principes, que je trouvois dangereux. J'exécutois cette entreprise quand j'appris que l'Auteur étoit poursuivi. A l'instant je jettai mes feuilles au feu, jugeant qu'aucun devoir ne pouvoit autoriser la bassesse de s'unir à la foule pour accabler un homme d'honneur opprimé. Quand tout fut pacifié j'eus occasion de dire mon sentiment sur le même sujet dans d'autres Ecrits ; mais je l'ai dit sans nommer le Livre ni l'Auteur. J'ai cru devoir ajouter ce respect pour son malheur à l'estime que j'eus toujours pour sa personne. Je ne crois point que cette façon de penser me soit particuliere ; elle est commune à tous les honnêtes gens. Sitôt qu'une affaire est portée au criminel, ils doivent se taire, à moins qu'ils ne soient appellés pour témoigner.

Partie I.   B

m'attaquer personnellement, il faut plus ; la faute ne suffit pas, il faut un délit, un crime ; il faut que j'aye écrit à mauvaise intention un Livre pernicieux, & que cela soit prouvé, non comme un Auteur prouve qu'un autre Auteur se trompe, mais comme un accusateur doit convaincre devant le Juge l'accusé. Pour être traité comme un malfaiteur il faut que je sois convaincu de l'être. C'est la premiere question qu'il s'agit d'examiner. La seconde, en supposant le délit constaté, est d'en fixer la nature, le lieu où il a été commis, le tribunal qui doit en juger, la Loi qui le condamne, & la peine qui doit le punir. Ces deux questions une fois résolues décideront si j'ai été traité justement ou non.

Pour savoir si j'ai écrit des Livres pernicieux il faut en examiner les principes, & voir ce qu'il en résulteroit si ces principes étoient admis. Comme j'ai traité beaucoup de matieres, je dois me restraindre à celles sur lesquelles je suis poursuivi, savoir, la Religion & le Gouvernement. Commençons par le premier article, à l'exemple des juges qui ne se sont pas expliqués sur le second.

On trouve dans l'Emile la profession de foi d'un Prêtre Catholique, & dans l'Héloïse celle d'une femme dévote: Ces deux Pieces s'accordent assez pour qu'on puisse expliquer l'une par l'autre, & de cet accord on peut présumer avec quelque vraisemblance que si l'Auteur qui a publié les Livres où elles sont contenues ne les adopte pas en entier l'une & l'autre, du moins il les favorise beaucoup. De ces deux professions de foi la premiere étant la plus étendue & la seule où l'on ait trouvé le corps du délit, doit être examinée par préférence.

Cet examen, pour aller à son but, rend encore un éclaircissement nécessaire. Car remarquez bien qu'éclaircir & distinguer les propositions que brouillent & confondent mes accusateurs, c'est leur répondre. Comme ils disputent contre l'évidence, quand la question est bien posée, ils sont réfutés.

Je distingue dans la Religion deux parties, outre la forme du culte, qui n'est qu'un cérémonial. Ces deux parties sont le dogme & la morale. Je divise les dogmes encore en deux parties ; savoir, celle qui posant les principes de nos devoirs sert de base à la morale, & celle qui, purement de foi, ne contient que des dogmes spéculatifs.

De cette division, qui me paroit exacte, résulte celle des sentimens sur la Religion d'une part en vrais faux ou douteux, & de l'autre en bons mauvais ou indifférens.

Le jugement des premiers appartient à la raison seule, & si les Théologiens s'en sont emparés, c'est comme raisonneurs, c'est comme professeurs de la science par laquelle on parvient à la connoissance du vrai & du faux en matiere de foi. Si l'erreur en cette partie est nuisible, c'est seulement à ceux qui errent, & c'est seulement un préjudice pour la vie à venir sur laquelle les Tribunaux humains ne peuvent étendre leur compétence. Lorsqu'ils connoissent de cette matiere, ce n'est plus comme Juges du vrai & du faux, mais comme Ministres des Loix civiles qui reglent la forme extérieure du culte: il ne s'agit pas encore ici de cette partie; il en sera traité ci-après.

Quant à la partie de la Religion qui regarde la morale, c'est-à-dire, la justice, le bien public, l'obéissance aux Loix naturelles & positives, les vertus sociales & tous les devoirs de l'homme & du Citoyen, il appartient au Gouvernement d'en connoître : c'est en ce point seul que la Religion rentre directement fous fa jurifdiction, & qu'il doit bannir, non l'erreur, dont il n'eft pas juge, mais tout fentiment nuifible qui tend à couper le nœud focial.

Voila, Monfieur, la diftinction que vous avez à faire pour juger de cette Piece, portée au Tribunal, non des Prêtres, mais des Magiftrats. J'avoue qu'elle n'eft pas toute affirmative. On y voit des objections & des doutes. Pofons, ce qui n'eft pas, que ces doutes foient des négations. Mais elle eft affirmative dans fa plus grande partie ; elle eft affirmative & démonftrative fur tous les points fondamentaux de la Religion civile ; elle eft tellement décifive fur tout ce qui tient à la Providence éternelle, à l'amour du prochain, à la juftice, à la paix, au bonheur des hommes, aux Loix de la fociété, à toutes les vertus, que les objections les doutes mêmes y ont pour objet quelque avantage, & je défie qu'on m'y montre un seul point de doctrine attaqué que je ne prouve être nuisible aux hommes ou par lui-même ou par ses inévitables effets.

La Religion est utile & même nécessaire aux Peuples. Cela n'est-il pas dit soutenu prouvé dans ce même Ecrit? Loin d'attaquer les vrais principes de la Religion, l'Auteur les pose les affermit de tout son pouvoir; ce qu'il attaque, ce qu'il combat, ce qu'il doit combattre, c'est le fanatisme aveugle, la superstition cruelle, le stupide préjugé. Mais il faut, disent-ils, respecter tout cela. Mais pourquoi ? Parce que c'est ainsi qu'on mene les Peuples. Oui, c'est ainsi qu'on les mene à leur perte. La superstition est le plus terrible fléau du genre humain; elle abbrutit les simples, elle persécute les sages, elle enchaîne les Nations, elle fait par tout cent maux effroyables : quel bien fait-elle ? Aucun ; fi elle en fait, c'eſt aux Tyrans ; elle eſt leur arme la plus terrible, & cela même eſt le plus grand mal qu'elle ait jamais fait.

Ils diſent qu'en attaquant la ſuperſtition je veux détruire la Religion même : comment le ſavent-ils ? Pourquoi confondent-ils ces deux cauſes, que je diſtingue avec tant de ſoin ? Comment ne voyent-ils point que cette imputation réfléchit contre eux dans toute ſa force, & que la Religion n'a point d'ennemis plus terribles que les défenſeurs de la ſuperſtition ? Il ſeroit bien cruel qu'il fut ſi aiſé d'inculper l'intention d'un homme, quand il eſt ſi difficile de la juſtifier. Par cela même qu'il n'eſt pas prouvé qu'elle eſt mauvaiſe, on la doit juger bonne. Autrement qui pourroit être à l'abri des jugemens arbitraires de ſes ennemis ? Quoi ! leur ſimple affirmation fait preuve de ce qu'ils ne peuvent savoir, & la mienne, jointe à toute ma conduite, n'établit point mes propres sentimens? Quel moyen me reste donc de les faire connoître? Le bien que je sens dans mon cœur je ne puis le montrer, je l'avoue ; mais quel est l'homme abominable qui s'ose vanter d'y voir le mal qui n'y fut jamais?

Plus on seroit coupable de prêcher l'irreligion, dit très bien M. d'Alembert, plus il est criminel d'en accuser ceux qui ne la prêchent pas en effet. Ceux qui jugent publiquement de mon Christianisme montrent seulement l'espece du leur, & la seule chose qu'ils ont prouvée est qu'eux & moi n'avons pas la même Religion. Voilà précisément ce qui les fâche ; on sent que le mal prétendu les aigrit moins que le bien même. Ce bien qu'ils sont forcés de trouver dans mes Ecrits les dépite & les gêne ; réduits à le tourner en mal encore, ils sentent qu'ils se découvrent trop. Combien ils seroient plus à leur aise si ce bien n'y étoit pas!

Quand on ne me juge point sur ce que j'ai dit, mais sur ce qu'on assure que j'ai voulu dire, quand on cherche dans mes intentions le mal qui n'est pas dans mes Ecrits, que puis-je faire? Ils démentent mes discours par mes pensées; quand j'ai dit blanc ils affirment que j'ai voulu dire noir; ils se mettent à la place de Dieu pour faire l'œuvre du Diable; comment dérober ma tête à des coups portés de si haut?

Pour prouver que l'Auteur n'a point eu l'horrible intention qu'ils lui prêtent je ne vois qu'un moyen; c'est d'en juger sur l'Ouvrage. Ah! qu'on en juge ainsi, j'y consens; mais cette tâche n'est pas la mienne, & un examen suivi sous ce point de vue seroit de ma part une indignité. Non, Monsieur, il n'y a ni malheur ni flétrissure qui puissent me réduire à cette abjection. Je croirois outrager l'Auteur l'Editeur le Lecteur même, par une justification d'autant plus honteuse qu'elle est plus facile ; c'est dégrader la vertu que montrer qu'elle n'est pas un crime; c'est obscurcir l'évidence que prouver qu'elle est la vérité. Non, lisez & jugez vous-même. Malheur à vous, si, durant cette lecture, votre cœur ne bénit pas cent fois l'homme vertueux & ferme qui ose instruire ainsi les humains !

Eh ! comment me résoudrois-je à justifier cet ouvrage ? moi qui crois effacer par lui les fautes de ma vie entiere ; moi qui mets les maux qu'il m'attire en compensation de ceux que j'ai faits, moi qui, plein de confiance espere un jour dire au Juge Suprême: daigne juger dans ta clémence un homme foible ; j'ai fait le mal sur la terre, mais j'ai publié cet Ecrit.

Mon cher Monsieur, permettez à mon cœur gonflé d'exhaler de tems en tems ses soupirs; mais soyez sûr que dans mes discussions je ne mêlerai ni déclamations ni plaintes. Je n'y mettrai pas même la vivacité de mes adversaires; je raisonnerai toujours de sang-froid. Je reviens donc.

Tâchons de prendre un milieu qui vous satisfasse, & qui ne m'avilisse pas. Supposons un moment la profession de foi du Vicaire adoptée en un coin du monde Chrétien, & voyons ce qu'il en résulteroit en bien & en mal. Ce ne sera ni l'attaquer ni la défendre; ce sera la juger par ses effets.

Je vois d'abord les choses les plus nouvelles sans aucune apparence de nouveauté; nul changement dans le culte & de grands changemens dans les cœurs, des conversions sans éclat, de la foi sans dispute, du zele sans fanatisme, de la raison sans impiété, peu de dogmes & beaucoup de vertus, la tolérance du philosophe & la charité du Chrétien.

Nos prosélytes auront deux regles de foi qui n'en font qu'une, la raison & l'Evangile; la seconde sera d'autant plus immuable qu'elle ne se fondera que sur la premiere, & nullement sur certains faits, lesquels ayant besoin d'être attestés, remettent la Religion sous l'autorité des hommes.

Toute la différence qu'il y aura d'eux aux autres Chrétiens est que ceux-ci sont des gens qui disputent beaucoup sur l'Evangile sans se soucier de le pratiquer, au lieu que nos gens s'attacheront beaucoup à la pratique, & ne disputeront point.

Quand les Chrétiens disputeurs viendront leur dire. Vous vous dites Chrétiens sans l'être; car pour être Chrétiens il faut croire en

Jésus-Chrift, & vous n'y croyez point ; les Chrétiens paifibles leur répondront : „ Nous „ ne favons pas bien fi nous croyons en Jé- „ fus-Chrift dans votre idée, parce que nous „ ne l'entendons pas. Mais nous tâchons d'ob- „ ferver ce qu'il nous prefcrit. Nous fommes „ Chrétiens, chacuns à notre maniere, nous „ en gardant fa parole, & vous en croyant en „ lui. Sa charité veut que nous foyons tous „ freres, nous la fuivons en vous admettant „ pour tels; pour l'amour de lui ne nous ôtez „ pas un titre que nous honorons de toutes „ nos forces & qui nous eft auffi cher qu'à „ vous. "

Les Chrétiens difputeurs infifteront fans doute. En vous renommant de Jéfus il faudroit nous dire à quel titre? Vous gardez, dites-vous, fa parole, mais quelle autorité lui donnez-vous ? Reconnoiffez-vous la Révélation?

Ne la reconnoissez-vous pas? Admettez-vous l'Evangile en entier, ne l'admettez-vous qu'en partie? Sur quoi fondez-vous ces distinctions? Plaisans Chrétiens, qui marchandent avec le maître, qui choisissent dans sa doctrine ce qu'il leur plait d'admettre & de rejetter!

A cela les autres diront paisiblement. „Mes „freres, nous ne marchandons point; car „notre foi n'est pas un commerce: Vous sup„posez qu'il dépend de nous d'admettre ou de „rejetter comme il nous plait; mais cela n'est „pas, & notre raison n'obéit point à notre „volonté. Nous aurions beau vouloir que ce „qui nous paroit faux nous parut vrai, il „nous paroitroit faux malgré nous. Tout ce „qui dépend de nous est de parler selon notre „pensée ou contre notre pensée, & notre seul „crime est de ne vouloir pas vous tromper. „Nous reconnoissons l'autorité de Jésus

„ Chrift, parce que notre intelligence acquief-
„ ce à fes préceptes & nous en découvre la
„ fublimité. Elle nous dit qu'il convient aux
„ hommes de fuivre ces préceptes, mais qu'il
„ étoit au deffus d'eux de les trouver. Nous
„ admettons la Révélation comme émanée de
„ l'Efprit de Dieu, fans en favoir la maniere,
„ & fans nous tourmenter pour la découvrir:
„ pourvu que nous fachions que Dieu a parlé,
„ peu nous importe d'expliquer comment il
„ s'y eft pris pour fe faire entendre. Ainfi re-
„ connoiffant dans l'Evangile l'autorité divi-
„ ne, nous croyons Jéfus-Chrift revêtu de cet-
„ te autorité ; nous reconnoiffons une vertu
„ plus qu'humaine dans fa conduite, & une
„ fageffe plus qu'humaine dans fes leçons.
„ Voila ce qui eft bien décidé pour nous.
„ Comment cela s'eft-il fait ? Voila ce qui ne
„ l'eft pas; cela nous paffe. Cela ne vous paf-
„ fe

„ fe pas, vous; à la bonne heure; nous vous
„ en félicitons de tout notre cœur. Votre rai-
„ fon peut être fupérieure à la nôtre; mais ce
„ n'eſt pas à dire qu'elle doive nous fervir de
„ Loi. Nous confentons que vous fachiez
„ tout; fouffrez que nous ignorions quelque
„ chofe.

„ Vous nous demandez fi nous admettons
„ tout l'Evangile; nous admettons tous les
„ enfeignemens qu'a donné Jéfus-Chriſt. L'u-
„ tilité la néceffité de la plupart de ces enfei-
„ gnemens nous frape & nous tâchons de
„ nous y conformer. Quelques-uns ne font
„ pas à notre portée; ils ont été donnés fans
„ doute pour des efprits plus intelligens que
„ nous. Nous ne croyons point avoir atteint
„ les limites de la raifon humaine, & les
„ hommes plus pénétrans ont befoin de pré-
„ ceptes plus élevés.

„ Beaucoup de choses dans l'Evangile paſ-
„ ſent notre raiſon, & même la choquent;
„ nous ne les rejettons pourtant pas. Con-
„ vaincus de la foibleſſe de notre entende-
„ ment, nous ſavons reſpecter ce que nous
„ ne pouvons concevoir, quand l'aſſociation
„ de ce que nous concevons nous le fait ju-
„ ger ſupérieur à nos lumieres. Tout ce qui
„ nous eſt néceſſaire à ſavoir pour être ſaints
„ nous paroit clair dans l'Evangile; qu'avons-
„ nous beſoin d'entendre le reſte? Sur ce
„ point nous demeurerons ignorans mais ex-
„ empts d'erreur, & nous n'en ſerons pas
„ moins gens de bien; cette humble réſerve
„ elle-même eſt l'eſprit de l'Evangile.
„ Nous ne reſpectons pas préciſément ce
„ Livre Sacré comme Livre, mais comme la
„ parole & la vie de Jéſus-Chriſt. Le carac-
„ tere de vérité de ſageſſe & de ſainteté qui

,, s'y trouve nous apprend que cette histoire
,, n'a pas été essenciellement altérée (4), mais
,, il n'est pas démontré pour nous qu'elle ne
,, l'ait point été du tout. Qui sait si les cho-
,, ses que nous n'y comprenons pas ne sont
,, point des fautes glissées dans le texte ? Qui
,, sait si des Disciples si fort inférieurs à leur
,, maître l'ont bien compris & bien rendu par
,, tout ? Nous ne décidons point là-dessus,
,, nous ne présumons pas même, & nous ne
,, vous proposons des conjectures que parce
,, que vous l'exigez.

,, Nous pouvons nous tromper dans nos
,, idées, mais vous pouvez aussi vous tromper
,, dans les vôtres. Pourquoi ne le pourriez-

―――

(4) Où en seroient les simples fidelles, si l'on
ne pouvoit savoir cela que par des discussions de
critique, ou par l'autorité des Pasteurs ? De quel
front ose-t-on faire dépendre la foi de tant de science ou de tant de soumission ?

,, vous pas étant hommes ? Vous pouvez avoir
,, autant de bonne foi que nous, mais vous
,, n'en sauriez avoir davantage : vous pouvez
,, être plus éclairés, mais vous n'êtes pas in-
,, faillibles. Qui jugera donc entre les deux
,, partis ? sera-ce vous ? cela n'est pas juste.
,, Bien moins sera-ce nous qui nous défions si
,, fort de nous-mêmes. Laissons donc cette
,, décision au juge commun qui nous entend,
,, & puisque nous sommes d'accord sur les re-
,, gles de nos devoirs réciproques, supportez-
,, nous sur le reste, comme nous vous suppor-
,, tons. Soyons hommes de paix, soyons fre-
,, res ; unissons-nous dans l'amour de notre
,, commun maître, dans la pratique des ver-
,, tus qu'il nous prescrit. Voila ce qui fait le
,, vrai Chrétien.

,, Que si vous vous obstinez à nous refuser
,, ce précieux titre; après avoir tout fait pour

„ vivre fraternellement avec vous, nous nous
„ confolerons de cette injuſtice, en fongeant
„ que les mots ne font pas les choſes, que les
„ premiers diſciples de Jéſus ne prenoient
„ point le nom de Chrétiens, que le martir
„ Etienne ne le porta jamais, & que quand
„ Paul fut converti à la foi de Chriſt, il n'y
„ avoit encore aucuns Chrétiens (5) ſur la
„ terre. "

Croyez-vous, Monſieur, qu'une controverſe ainſi traitée fera fort animée & fort longue, & qu'une des Parties ne fera pas bientôt réduite au ſilence quand l'autre ne voudra point diſputer.

Si nos Proſélytes font maîtres du pays où ils vivent, ils établiront une forme de culte auſſi ſimple que leur croyance, & la Religion qui

---

(5) Ce nom leur fut donné quelques années après à Antioche pour la premiere fois.

résultera de tout cela sera la plus utile aux hommes par sa simplicité même. Dégagée de tout ce qu'ils mettent à la place des vertus, & n'ayant ni rites superstitieux, ni subtilités dans la doctrine elle ira toute entiere à son vrai but, qui est la pratique de nos devoirs. Les mots de *dévot* & d'*orthodoxe* y seront sans usage ; la monotonie de certains sons articulés n'y sera pas la piété ; il n'y aura d'impies que les méchans, ni de fidelles que les gens de bien.

Cette institution une fois faite, tous seront obligés par les Loix de s'y soumettre, parce qu'elle n'est point fondée sur l'autorité des hommes, qu'elle n'a rien qui ne soit dans l'ordre des lumieres naturelles, qu'elle ne contient aucun article qui ne se rapporte au bien de la société, & qu'elle n'est mêlée d'aucun dogme inutile à la morale, d'aucun point de pure spéculation.

Nos Profélytes feront-ils intolérans pour cela? Au contraire, ils feront tolérans par principe, ils le feront plus qu'on ne peut l'être dans aucune autre doctrine, puifqu'ils admettront toutes les bonnes Religions qui ne s'admettent pas entre elles, c'eft-à-dire, toutes celles qui ayant l'effenciel qu'elles négligent, font l'effenciel de ce qui ne l'eft point. En s'attachant, eux, à ce feul effenciel, ils laifferont les autres en faire à leur gré l'acceffoire, pourvû qu'ils ne le rejettent pas : ils les laifferont expliquer ce qu'ils n'expliquent point, décider ce qu'ils ne décident point. Ils laifferont à chacun fes rites, fes formules de foi, fa croyance : ils diront ; admettez avec nous les principes des devoirs de l'homme & du Citoyen ; du refte, croyez tout ce qu'il vous plaira. Quant aux Religions qui font effenciellement mauvaifes, qui portent l'homme à faire le mal, ils ne les toléreront point ; parce que cela même est contraire à la véritable tolérance, qui n'a pour but que la paix du genre humain. Le vrai tolérant ne tolére point le crime, il ne tolére aucun dogme qui rende les hommes méchans.

Maintenant suppofons au contraire, que nos Profélytes foient fous la domination d'autrui: comme gens de paix ils feront foumis aux Loix de leurs maîtres, même en matiere de Religion, à moins que cette Religion ne fut effenciellement mauvaife ; car alors, fans outrager ceux qui la profeffent, ils refuferoient de la profeffer. Ils leur diroient; puifque Dieu nous appelle à la fervitude, nous voulons être de bons ferviteurs, & vos fentimens nous empêcheroient de l'être ; nous connoiffons nos devoirs nous les aimons, nous rejettons ce qui nous en détache; c'eft afin de vous être fidelles que nous n'adoptons pas la Loi de l'iniquité.

Mais fi la Religion du pays éft bonne en elle-même, & que ce qu'elle a de mauvais foit feulement dans des interprétations particulieres, ou dans des dogmes purement fpéculatifs; ils s'attacheront à l'effenciel & toléreront le refte, tant par refpect pour les Loix que par amour pour la paix. Quand ils feront appellés à déclarer expreffément leur croyance, ils le feront, parce qu'il ne faut point mentir; ils diront au befoin leur fentiment avec fermeté, même avec force; ils fe défendront par la raifon fi on les attaque. Du refte, ils ne difputeront point contre leurs freres, & fans s'obftiner à vouloir les convaincre, ils leur refteront unis par la charité, ils affifteront à leurs affemblées, ils adopteront leurs formules, & ne fe croyant pas plus infaillibles qu'eux, ils fe foumettront à l'avis du plus grand nombre, en ce qui n'intéreffe pas leur confcience & ne leur paroit pas importer au falut.

Voila le bien, me direz-vous, voyons le mal. Il fera dit en peu de paroles. Dieu ne fera plus l'organe de la méchanceté des hommes. La Religion ne servira plus d'inftrument à la tyrannie des gens d'Eglife & à la vengeance des ufurpateurs ; elles ne fervira plus qu'à rendre les croyans bons & juftes ; ce n'eft pas là le compte de ceux qui les menent : c'eft pis pour eux que fi elle ne fervoit à rien.

Ainfi donc la doctrine en queftion eft bonne au genre humain & mauvaife à fes oppreffeurs. Dans quelle claffe abfolue la faut-il mettre ? J'ai dit fidellement le pour & le contre ; comparez & choififfez.

Tout bien examiné, je crois que vous conviendrez de deux chofes : l'une que ces hommes que je fuppofe fe conduiroient en ceci très conféquemment à la profeffion de foi du Vicaire ; l'autre que cette conduite feroit non seulement irréprochable mais vraiment chrétienne, & qu'on auroit tort de refuser à ces hommes bons & pieux le nom de Chrétiens; puisqu'ils le mériteroient parfaitement par leur conduite, & qu'ils seroient moins opposés par leurs sentimens à beaucoup de sectes qui le prennent & à qui on ne le dispute pas, que plusieurs de ces mêmes sectes ne sont opposées entre elles. Ce ne seroient pas, si l'on veut, des Chrétiens à la mode de Saint Paul qui étoit naturellement persécuteur, & qui n'avoit pas entendu Jésus-Christ lui-même; mais ce seroient des Chrétiens à la mode de Saint Jaques, choisi par le maître en personne & qui avoit reçu de sa propre bouche les instructions qu'il nous transmet. Tout ce raisonnement est bien simple, mais il me paroit concluant.

Vous me demanderez peut-être comment on peut accorder cette doctrine avec celle d'un homme qui dit que l'Evangile est absurde

& pernicieux à la société ? En avouant franchement que cet accord me paroit difficile, je vous demanderai à mon tour où est cet homme qui dit que l'Evangile est absurde & pernicieux ? Vos Messieurs m'accusent de l'avoir dit; & où? Dans le *Contract Social* au Chapitre de la Religion civile. Voici qui est singulier ! Dans ce même Livre & dans ce même Chapitre je pense avoir dit précisément le contraire: je pense avoir dit que l'Evangile est sublime & le plus fort lien de la société (6). Je ne veux pas taxer ces Messieurs de mensonge; mais avouez que deux propositions si contraires dans le même Livre & dans le même Chapitre doivent faire un tout bien extravagant.

N'y auroit-il point ici quelque nouvelle équivoque, à la faveur de laquelle on me rendit

---

(6) Contract Social L. IV. Chap. 8. p. 310-311. de l'Edition in 8.

plus coupable ou plus fou que je ne suis ? Ce mot de *Société* présente un sens un peu vague : il y a dans le monde des sociétés de bien des sortes, & il n'est pas impossible que ce qui sert à l'une nuise à l'autre. Voyons : la méthode favorite de mes aggresseurs est toujours d'offrir avec art des idées indéterminées ; continuons pour toute réponse à tâcher de les fixer.

Le Chapitre dont je parle est destiné, comme on le voit par le titre, à examiner comment les institutions religieuses peuvent entrer dans la constitution de l'Etat. Ainsi ce dont il s'agit ici n'est point de considérer les Religions comme vrayes ou fausses, ni même comme bonnes ou mauvaises en elles-mêmes, mais de les considérer uniquement par leurs rapports aux corps politiques, & comme parties de la Législation.

Dans cette vue, l'Auteur fait voir que toutes les anciennes Religions, fans en excepter la juive, furent nationales dans leur origine, appropriées incorporées à l'Etat, & formant la bafe ou du moins faifant partie du Syftême légiflatif.

Le Chriftianifme, au contraire, eft dans fon principe une Religion univerfelle, qui n'a rien d'exclufif, rien de local, rien de propre à tel pays plutôt qu'à tel autre. Son divin Auteur embraffant également tous les hommes dans fa charité fans bornes, eft venu lever la barriere qui féparoit les Nations, & réunir tout le genre humain dans un peuple de freres : *car en toute Nation celui qui le craint & qui s'adonne à la juftice lui eft agréable* (7). Tel eft le véritable efprit de l'Evangile.

Ceux donc qui ont voulu faire du Chriftia-

---

(7) Act. X. 35.

nifme une Religion nationnale & l'introduire comme partie conſtitutive dans le ſyſtême de la Légiſlation, ont fait par là deux fautes, nuiſibles, l'une à la Religion, & l'autre à l'Etat. Ils ſe ſont écartés de l'eſprit de Jéſus-Chriſt dont le regne n'eſt pas de ce monde, & mêlant aux intérêts terreſtres ceux de la Religion, ils ont ſouillé ſa pureté céleſte, ils en ont fait l'arme des Tyrans & l'inſtrument des perſécuteurs. Ils n'ont pas moins bleſſé les ſaines maximes de la politique, puiſqu'au lieu de ſimplifier la machine du Gouvernement, ils l'ont compoſée, ils lui ont donné des reſſorts étrangers ſuperflus, & l'aſſujetiſſant à deux mobiles différens, ſouvent contraires, ils ont cauſé les tiraillemens qu'on ſent dans tous les Etats chrétiens où l'on a fait entrer la Religion dans le ſyſtême politique.

Le parfait Chriſtianiſme eſt l'inſtitution ſociale universelle; mais pour montrer qu'il n'est point un établissement politique & qu'il ne concourt point aux bonnes institutions particulieres, il falloit ôter les Sophismes de ceux qui mêlent la Religion à tout, comme une prise avec laquelle ils s'emparent de tout. Tous les établissemens humains sont fondés sur les passions humaines & se conservent par elles: ce qui combat & détruit les passions n'est donc pas propre à fortifier ces établissemens. Comment ce qui détache les cœurs de la terre nous donneroit-il plus d'intérêt pour ce qui s'y fait? comment ce qui nous occupe uniquement d'une autre Patrie nous attacheroit-il davantage à celle-ci?

Les Religions nationnales sont utiles à l'Etat comme parties de sa constitution, cela est incontestable; mais elles sont nuisibles au Genre humain, & même à l'Etat dans un autre sens:

LETTRE

sens : j'ai montré comment & pourquoi.

Le Chriſtianiſme, au contraire, rendant les hommes juſtes modérés amis de la paix, eſt très avantageux à la ſociété générale ; mais il énerve la force du reſſort politique, il complique les mouvemens de la machine, il rompt l'unité du corps moral, & ne lui étant pas aſſez approprié il faut qu'il dégénere ou qu'il demeure une piece étrangere & embarraſſante.

Voila donc un préjudice & des inconvéniens des deux côtés relativement au corps politique. Cependant il importe que l'Etat ne ſoit pas ſans Religion, & cela importe par des raiſons graves, ſur leſquelles j'ai par tout fortement inſiſté : mais il vaudroit mieux encore n'en point avoir, que d'en avoir une barbare & perſécutante qui, tyranniſant les Loix mêmes, contrarieroit les devoirs du Citoyen. On diroit que tout ce qui s'eſt paſſé dans Genève

Partie I.   D

à mon égard n'est fait que pour établir ce Chapitre en exemple, pour prouver par ma propre histoire que j'ai très bien raisonné.

Que doit faire un sage Législateur dans cette alternative? De deux choses l'une. La premiere, d'établir une Religion purement civile, dans laquelle renfermant les dogmes fondamentaux de toute bonne Religion, tous les dogmes vraiment utiles à la société, soit universelle soit particuliere, il omette tous les autres qui peuvent importer à la foi, mais nullement au bien terrestre, unique objet de la Législation: car comment le mystère de la Trinité, par exemple, peut-il concourir à la bonne constitution de l'Etat, en quoi ses membres feront-ils meilleurs Citoyens quand ils auront rejetté le mérite des bonnes œuvres, & que fait au lien de la société civile le dogme du péché originel? Bien que le vrai Christianisme soit une institution de paix, qui ne voit que le Christianisme dogmatique ou théologique est, par la multitude & l'obscurité de ses dogmes, sur-tout par l'obligation de les admettre, un champ de bataille toujours ouvert entre les hommes, & cela sans qu'à force d'interprétations & de décisions on puisse prévenir de nouvelles disputes sur les décisions mêmes?

L'autre expédient est de laisser le Christianisme tel qu'il est dans son véritable esprit, libre, dégagé de tout lien de chair, sans autre obligation que celle de la conscience, sans autre gêne dans les dogmes que les mœurs & les Loix. La Religion Chrétienne est, par la pureté de sa morale, toujours bonne & saine dans l'Etat, pourvu qu'on n'en fasse pas une partie de sa constitution, pourvu qu'elle y soit admise uniquement comme Religion, sentiment, opinion, croyance; mais comme Loi politique, le Christianisme dogmatique est un mauvais établissement.

Telle est, Monsieur, la plus forte conséquence qu'on puisse tirer de ce Chapitre, où, bien loin de taxer le *pur Evangile* (8) d'être pernicieux à la société, je le trouve, en quelque sorte, trop sociable, embrassant trop tout le genre humain pour une Législation qui doit être exclusive ; inspirant l'humanité plutôt que le patriotisme, & tendant à former des hommes plutôt que des Citoyens (9). Si je me suis

---

(8) Lettres écrites de la Campagne p. 30.

(9) C'est merveille de voir l'assortiment de beaux sentimens qu'on va nous entassant dans les Livres : Il ne faut pour cela que des mots, & les vertus en papier ne coûtent gueres ; mais elles ne s'agencent pas tout-à-fait ainsi dans le cœur de l'homme ; & il y a loin des peintures aux réalités. Le patriotisme & l'humanité sont, par exemple, deux vertus incompatibles dans leur énergie, & surtout chez un peuple entier. Le Législateur qui les voudra toutes deux n'obtiendra ni l'une ni l'autre : cet accord ne s'est jamais vu ; il ne se verra jamais, parce qu'il

trompé j'ai fait une erreur en politique, mais où est mon impiété?

La science du salut & celle du Gouvernement sont très différentes ; vouloir que la premiere embrasse tout est un fanatisme de petit esprit ; c'est penser comme les Alchymistes, qui dans l'art de faire de l'or voyent aussi la médecine universelle ; ou comme les Mahométans qui prétendent trouver toutes les sciences dans l'Alcoran. La doctrine de l'Evangile n'a qu'un objet ; c'est d'appeller & sauver tous les hommes ; leur liberté, leur bien-être ici-bas n'y entre pour rien ; Jésus l'a dit mille fois. Mêler à cet objet des vues terrestres, c'est altérer sa simplicité sublime, c'est souiller sa sainteté par des intérêts humains : c'est cela qui est vraiment une impiété.

---

est contraire à la nature, & qu'on ne peut donner deux objets à la même passion.

Ces distinctions sont de tous tems établies. On ne les a confondues que pour moi seul. En ôtant des Institutions nationnales la Religion Chrétienne, je l'établis la meilleure pour le genre humain. L'Auteur de l'Esprit des Loix a fait plus; il a dit que la musulmane étoit la meilleure pour les contrées asiatiques. Il raisonnoit en politique, & moi aussi. Dans quel pays a-t-on cherché querelle, je ne dis pas à l'Auteur, mais au Livre (10)? Pourquoi donc suis-je coupable, ou pourquoi ne l'étoit-il pas?

Voila, Monsieur, comment par des extraits fidelles un critique équitable parvient à connoître les vrais sentimens d'un Auteur & le

___

(10) Il est bon de remarquer que le Livre de l'Esprit des Loix fut imprimé pour la premiere fois à Genève, sans que les Scholarques y trouvassent rien à reprendre, & que ce fut un Pasteur qui corrigea l'Edition.

deſſein dans lequel il a compoſé ſon Livre. Qu'on examine tous les miens par cette méthode, je ne crains point les jugemens que tout honnête homme en pourra porter. Mais ce n'eſt pas ainſi que ces Meſſieurs s'y prennent, ils n'ont garde, ils n'y trouveroient pas ce qu'ils cherchent. Dans le projet de me rendre coupable à tout prix, ils écartent le vrai but de l'ouvrage; ils lui donnent pour but chaque erreur chaque négligence échapée à l'Auteur, & ſi par hazard il laiſſe un paſſage équivoque, ils ne manquent pas de l'interpréter dans le ſens qui n'eſt pas le ſien. Sur un grand champ couvert d'une moiſſon fertile, ils vont triant avec ſoin quelques mauvaiſes plantes, pour accuſer celui qui l'a ſemé d'être un empoiſonneur.

Mes propoſitions ne pouvoient faire aucun mal à leur place; elles étoient vraies utiles honnêtes dans le sens que je leur donnois. Ce sont leurs falsifications leurs subreptions, leurs interprétations frauduleuses qui les rendent punissables: Il faut les brûler dans leurs Livres, & les couronner dans les miens.

Combien de fois les Auteurs diffamés & le public indigné n'ont-ils pas réclamé contre cette maniere odieuse de déchiqueter un ouvrage, d'en défigurer toutes les parties, d'en juger sur des lambeaux enlevés çà & là au choix d'un accusateur infidelle qui produit le mal lui-même, en le détachant du bien qui le corrige & l'explique, en détorquant par tout le vrai sens ? Qu'on juge la Bruyere ou la Rochefoucault sur des maximes isolées, à la bonne heure ; encore sera-t-il juste de comparer & de compter. Mais dans un Livre de raisonnement, combien de sens divers ne peut pas avoir la même proposition selon la maniere dont l'Auteur l'employe & dont il la fait envifager? Il n'y a peut-être pas une de celles qu'on m'impute à laquelle au lieu où je l'ai mife la page qui précede ou celle qui fuit ne ferve de réponfe, & que je n'aye prife en un fens différent de celui que lui donnent mes accufateurs. Vous verrez avant la fin de ces Lettres des preuves de cela qui vous furprendront.

Mais qu'il y ait des propofitions fauffes, répréhenfibles, blâmables en elles-mêmes, cela fuffit-il pour rendre un Livre pernicieux? Un bon Livre n'eft pas celui qui ne contient rien de mauvais ou rien qu'on puiffe interpréter en mal; autrement il n'y auroit point de bons Livres: mais un bon Livre eft celui qui contient plus de bonnes chofes que de mauvaifes, un bon Livre eft celui dont l'effet total eft de mener au bien, malgré le mal qui peut s'y trouver. Eh! que seroit-ce, mon Dieu! si dans un grand ouvrage plein de vérités utiles, de leçons d'humanité de pieté de vertu, il étoit permis d'aller cherchant avec une maligne exactitude toutes les erreurs, toutes les propositions équivoques suspectes, ou inconsidérées, toutes les inconséquences qui peuvent échaper dans le détail à un Auteur surchargé de sa matiere, accablé des nombreuses idées qu'elle lui suggere, distrait des unes par les autres, & qui peut à peine assembler dans sa tête toutes les parties de son vaste plan ? S'il étoit permis de faire un amas de toutes ses fautes, de les aggraver les unes par les autres, en rapprochant ce qui est épars, en liant ce qui est isolé ; puis, taisant la multitude de choses bonnes & louables qui les démentent, qui les expliquent, qui les rachettent, qui montrent le vrai but de l'Auteur, de donner ces affreux receuil pour celui de ses principes, d'avancer que c'est là le résumé de ses vrais sentimens, & de le juger sur un pareil extrait? Dans quel défert faudroit-il fuir, dans quel antre faudroit-il se cacher pour échaper aux pourfuites de pareils hommes, qui sous l'apparence du mal puniroient le bien, qui compteroient pour rien le cœur les intentions, la droiture par tout évidente, & traiteroient la faute la plus légere & la plus involontaire comme le crime d'un scélérat? Y a-t-il un seul Livre au monde, quelque vrai, quelque bon, quelque excellent qu'il puisse être qui put échaper à cette infame inquisition? Non, Monsieur, il n'y en a pas un, pas un seul, non pas l'Evangile même : car le mal qui n'y seroit pas ils sauroient l'y mettre par leurs extraits infidelles, par leurs fausses interprétations.

Nous vous déferons, oseroient-ils dire, *un*

PREMIÈRE

Livre scandaleux, téméraire, impie, dont la morale est d'enrichir le riche & de dépouiller le pauvre (a), d'apprendre aux enfans à renier leur mere & leurs freres (b), de s'emparer sans scrupule du bien d'autrui (c), de n'instruire point les méchans, de peur qu'ils ne se corrigent & qu'ils ne soient pardonnés (d), de haïr pere, mere, femme, enfans, tous ses proches (e); un Livre où l'on souffle par tout le feu de la discorde (f), où l'on se vante d'armer le fils contre le pere (g), les parens l'un contre l'autre (h), les domestiques contre leurs maîtres (i); où l'on approuve la vio-

---

(a) Matth. XIII. 12. Luc XIX. 26.
(b) Matth. XII. 48. Marc. III. 33.
(c) Marc. XI. 2. Luc. XIX. 30.
(d) Marc. IV. 12. Jean XII. 40.
(e) Luc. XIV. 26.
(f) Matth. X. 34. Luc. XII. 51. 52.
(g) Matth. X. 35. Luc. XII. 53.
(h) Ibid.
(i) Matth. X. 36.

lation des Loix (*k*), *où l'on impose en devoir la persécution* (*l*); *où pour porter les peuples au brigandage on fait du bonheur éternel le prix de la force & la conquête des hommes violens* (*m*).

Figurez-vous une ame infernale analysant ainsi tout l'Evangile, formant de cette calomnieuse analyse sous le nom de *Profession de foi évangélique* un Ecrit qui feroit horreur, & les dévots Pharisiens prônant cet Ecrit d'un air de triomphe comme l'abrégé des leçons de Jésus-Christ. Voila pourtant jusqu'où peut mener cette indigne méthode. Quiconque aura lu mes Livres & lira les imputations de ceux qui m'accusent, qui me jugent, qui me condamnent, qui me poursuivent, verra que c'est ainsi que tous m'ont traité.

(*k*) Matth. XII. 2. & seqq.
(*l*) Luc. XIV. 23.
(*m*) Matth. XI. 12.

Je crois vous avoir prouvé que ces Meſſieurs ne m'ont pas jugé ſelon la raiſon ; j'ai maintenant à vous prouver qu'ils ne m'ont pas jugé ſelon les Loix : mais laiſſez-moi reprendre un inſtant haleine. A quels triſtes eſſais me vois-je réduit à mon âge ? Devois-je apprendre ſi tard à faire mon apologie ? Etoit-ce la peine de commencer ?

SECONDE LETTRE.

J'ai supposé, Monsieur, dans ma précédente Lettre que j'avois commis en effet contre la foi les erreurs dont on m'accuse, & j'ai fait voir que ces erreurs n'étant point nuisibles à la société n'étoient pas punissables devant la justice humaine. Dieu s'est réservé sa propre défense, & le châtiment des fautes qui n'offensent que lui. C'est un sacrilege à des hommes de se faire les vengeurs de la divinité, comme si leur protection lui étoit nécessaire. Les Magistrats les Rois n'ont aucune autorité sur les ames, & pourvu qu'on soit fidelle aux Loix de la société dans ce monde, ce n'est point à eux de se mêler de ce qu'on deviendra dans l'autre, où ils n'ont aucune inspection. Si l'on perdoit ce principe de vue, les

Loix faites pour le bonheur du genre humain en feroient bientôt le tourment, & fous leur inquifition terrible, les hommes, jugés par leur foi plus que par leurs œuvres, feroient tous à la merci de quiconque voudroit les opprimer.

Si les Loix n'ont nulle autorité fur les fentimens des hommes en ce qui tient uniquement à la Religion, elles n'en ont point non plus en cette partie fur les écrits où l'on manifefte ces fentimens. Si les Auteurs de ces Ecrits font puniffables, ce n'eft jamais précifément pour avoir enfeigné l'erreur, puifque la Loi ni fes miniftres ne jugent pas de ce qui n'eft précifément qu'une erreur. L'Auteur des Lettres écrites de la Campagne paroit convenir de ce principe (*n*). Peut-être même en accordant que

―――――――――――――――――――――
(*n*) *A cet égard*, dit-il page 22, *je retrouve af-*

LETTRE. 65

que *la Politique & la Philosophie pourront soutenir la liberté de tout écrire*, le pousseroit-il trop loin (*o*). Ce n'est pas ce que je veux examiner ici.

Mais voici comment vos Messieurs & lui tournent la chose pour autoriser le jugement rendu contre mes Livres & contre moi. Ils me jugent moins comme Chrétien que comme Citoyen; ils me regardent moins comme impie envers Dieu que comme rebelle aux Loix; ils voyent moins en moi le péché que le crime, & l'héréſie que la deſobéiſſance. J'ai, ſelon eux, attaqué la Religion de l'Etat ; j'ai donc encouru la peine portée par la Loi contre ceux qui l'attaquent. Voila, je crois, le ſens

---

ſez mes *maximes* dans celles *des repréſentations*; & page 29, il regarde comme *inconteſtable que perſonne ne peut être pourſuivi pour ſes idées ſur la Religion.*
(*o*) Page 30.

Partie I. E

de ce qu'ils ont dit d'intelligible pour juſtifier leur procédé.

Je ne vois à cela que trois petites difficultés. La premiere, de ſavoir quelle eſt cette Religion de l'Etat ; la ſeconde, de montrer comment je l'ai attaquée ; la troiſieme, de trouver cette Loi ſelon laquelle j'ai été jugé.

Qu'eſt-ce que la Religion de l'Etat? C'eſt la ſainte Réformation évangélique. Voila ſans contredit des mots bien ſonnans. Mais qu'eſt-ce à Genève aujourd'hui que la ſainte Réformation évangélique? Le ſauriez-vous, Monſieur, par hazard ? En ce cas je vous en félicite. Quant à moi, je l'ignore. J'avois cru le ſavoir ci-devant; mais je me trompois ainſi que bien d'autres, plus ſavans que moi ſur tout autre point, & non moins ignorans ſur celui-là.

Quand les Réformateurs ſe détacherent de l'Egliſe Romaine ils l'accuſerent d'erreur ; &

pour corriger cette erreur dans sa source, ils donnerent à l'Ecriture un autre sens que celui que l'Eglise lui donnoit. On leur demanda de quelle autorité ils s'écartoient ainsi de la doctrine reçue ? Ils dirent que c'étoit de leur autorité propre, de celle de leur raison. Ils dirent que le sens de la Bible étant intelligible & clair à tous les hommes en ce qui étoit du salut, chacun étoit juge compétent de la doctrine, & pouvoit interpréter la Bible, qui en est la regle, selon son esprit particulier; que tous s'accorderoient ainsi sur les choses essencielles, & que celles sur lesquelles ils ne pourroient s'accorder ne l'étoient point.

Voila donc l'esprit particulier établi pour unique interpréte de l'Ecriture; voila l'autorité de l'Eglise rejettée; voila chacun mis pour la doctrine sous sa propre jurisdiction. Tels font les deux points fondamentaux de la Réforme : reconnoître la Bible pour regle de sa croyance, & n'admettre d'autre interprête du sens de la Bible que soi. Ces deux points combinés forment le principe sur lequel les Chrétiens Réformés se sont séparés de l'Eglise Romaine, & ils ne pouvoient moins faire sans tomber en contradiction ; car quelle autorité interprétative auroient-ils pu se réserver, après avoir rejetté celle du corps de l'Eglise ?

Mais, dira-t-on, comment sur un tel principe les Réformés ont-ils pu se réunir ? Comment voulant avoir chacun leur façon de penser ont-ils fait corps contre l'Eglise Catholique ? Ils le devoient faire : ils se réunissoient en ceci, que tous reconnoissoient chacun d'eux comme juge compétent pour lui-même. Ils toléroient & ils devoient tolérer toutes les interprétations hors une, savoir celle qui ôte la liberté des interprétations. Or cette unique interprétation qu'ils réjettoient étoit celle des Catholiques. Ils devoient donc proscrire de concert Rome seule, qui les proscrivoit également tous. La diversité même de leurs façons de penser sur tout le reste étoit le lien commun qui les unissoit. C'étoient autant de petits Etats ligués contre une grande Puissance, & dont la confédération générale n'ôtoit rien à l'indépendance de chacun.

Voila comment la Réformation évangélique s'est établie, & voila comment elle doit se conserver. Il est bien vrai que la doctrine du plus grand nombre peut être proposée à tous, comme la plus probable ou la plus autorisée. Le Souverain peut même la rédiger en formule & la prescrire à ceux qu'il charge d'enseigner, parce qu'il faut quelque ordre quelque regle dans les inſtructions publiques, & qu'au fond l'on ne gêne en ceci la liberté de perſonne, puiſque nul n'eſt forcé d'enſeigner malgré lui: mais il ne s'enſuit pas de-là que les particuliers ſoient obligés d'admettre préciſément ces interprétations qu'on leur donne & cette doctrine qu'on leur enſeigne. Chacun en demeure ſeul juge pour lui-même, & ne reconnoit en cela d'autre autorité que la ſienne propre. Les bonnes inſtructions doivent moins fixer le choix que nous devons faire que nous mettre en état de bien choiſir. Tel eſt le véritable eſprit de la Réformation; tel en eſt le vrai fondement. La raiſon particuliere y prononce, en tirant la foi de la regle commune qu'elle établit, ſavoir l'Evangile; & il eſt tellement de l'eſſence de la raiſon d'être libre, que quand elle voudroit s'aſſervir à l'autorité, cela ne dépendroit pas d'elle. Portez la moindre atteinte à ce principe, & tout l'évangelifme croule à l'inftant. Qu'on me prouve aujourd'hui qu'en matiere de foi je fuis obligé de me foumettre aux décifions de quelqu'un, dès demain je me fais Catholique, & tout homme conféquent & vrai fera comme moi.

Or la libre interprétation de l'Ecriture emporte non feulement le droit d'en expliquer les paffages, chacun felon fon fens particulier, mais celui de refter dans le doute fur ceux qu'on trouve douteux, & celui de ne pas comprendre ceux qu'on trouve incompréhenfibles. Voila le droit de chaque fidelle, droit fur lequel ni les Pafteurs ni les Magiftrats n'ont rien à voir. Pourvu qu'on refpecte toute la Bible & qu'on s'accorde fur les points capitaux, on vit felon la Réformation évangelique. Le ferment des Bourgeois de Genève n'emporte rien de plus que cela.

Or je vois déja vos Docteurs triompher sur ces points capitaux, & prétendre que je m'en écarte. Doucement, Messieurs, de grace; ce n'est pas encore de moi qu'il s'agit, c'est de vous. Sachons d'abord quels sont, selon vous, ces points capitaux, sachons quel droit vous avez de me contraindre à les voir où je ne les vois pas, & où peut-être vous ne les voyez pas vous-mêmes. N'oubliez point, s'il vous plait, que me donner vos décisions pour loix, c'est vous écarter de la sainte Réformation évangélique, c'est en ébranler les vrais fondemens; c'est vous qui par la Loi méritez punition.

Soit que l'on considere l'état politique de votre République lorsque la Réformation fut instituée, soit que l'on pese les termes de vos anciens Edits par rapport à la Religion qu'ils prescrivent, on voit que la Réformation est par tout mife en oppofition avec l'Eglife Romaine, & que les Loix n'ont pour objet que d'abjurer les principes & le culte de celle-ci, deftructifs de la liberté dans tous les fens.

Dans cette pofition particuliere l'Etat n'exiftoit, pour ainfi dire, que par la féparation des deux Eglifes, & la République étoit anéantie fi le Papifme reprenoit le deffus. Ainfi la Loi qui fixoit le culte évangélique n'y confideroit que l'abolition du culte Romain. C'eft ce qu'atteftent les invectives, même indécentes, qu'on voit contre celui-ci dans vos premieres Ordonnances, & qu'on a fagement retranchées dans la fuite, quand le même danger n'exiftoit plus: C'eft ce qu'attefte auffi le ferment du Confiftoire, lequel confifte uniquement à empêcher *toutes idolâtries, blafphèmes, diffolutions, & autres chofes contrevenantes à l'honneur de Dieu & à la Réformation de l'E-*

vangile. Tels sont les termes de l'Ordonnance passée en 1562. Dans la revue de la même Ordonnance en 1576 on mit à la tête du serment, *de veiller sur tous scandales* (*p*); ce qui montre que dans la premiere formule du serment on n'avoit pour objet que la séparation de l'Eglise Romaine; dans la suite on pourvut encore à la police : cela est naturel quand un établissement commence à prendre de la consistance : Mais enfin dans l'une & dans l'autre leçon, ni dans aucun serment de Magistrats, de Bourgeois, de Ministres, il n'est question ni d'erreur ni d'hérésie. Loin que ce fut là l'objet de la Réformation ni des Loix, ç'eût été se mettre en contradiction avec soi-même. Ainsi vos Edits n'ont fixé sous ce mot de *Réformation* que les points controversés avec l'Eglise Romaine.

(*p*) Ordon. Eccles. Tit. III. Art. LXXV.

Je sais que votre histoire & celle en général de la Réforme est pleine de faits qui montrent une inquisition très sévere, & que, de persécutés les Réformateurs devinrent bientôt persécuteurs : mais ce contraste, si choquant dans toute l'histoire du Christianisme, ne prouve autre chose dans la vôtre que l'inconséquence des hommes & l'empire des passions sur la raison. A force de disputer contre le Clergé Catholique, le Clergé Protestant prit l'esprit disputeur & pointilleux. Il vouloit tout décider, tout régler, prononcer sur tout : chacun proposoit modestement son sentiment pour Loi suprême à tous les autres ; ce n'étoit pas le moyen de vivre en paix. Calvin, sans doute, étoit un grand homme ; mais enfin c'étoit un homme, & qui pis est, un Théologien : il avoit d'ailleurs tout l'orgueil du génie qui sent sa supériorité, & qui s'indigne qu'on la lui dispute : la plupart de ses collegues étoient dans le même cas ; tous en cela d'autant plus coupables qu'ils étoient plus inconséquens.

Aussi quelle prise n'ont-ils pas donnée en ce point aux Catholiques, & quelle pitié n'est-ce pas de voir dans leurs défenses ces savans hommes, ces esprits éclairés qui raisonnoient si bien sur tout autre article, déraisonner si sotement sur celui-là ? Ces contradictions ne prouvoient cependant autre chose, sinon qu'ils suivoient bien plus leurs passions que leurs principes. Leur dure orthodoxie étoit elle-même une hérésie. C'étoit bien là l'esprit des Réformateurs, mais ce n'étoit pas celui de la Réformation.

La Religion Protestante est tolérante par principe, elle est tolérante essenciellement, elle l'est autant qu'il est possible de l'être, puisque le seul dogme qu'elle ne tolere pas est celui de l'intolérance. Voila l'insurmontable barriere qui nous sépare des Catholiques & qui réunit les autres communions entre elles; chacune regarde bien les autres comme étant dans l'erreur; mais nulle ne regarde ou ne doit regarder cette erreur comme un obstacle au salut (*q*).

Les Réformés de nos jours, du moins les Ministres, ne connoissent ou n'aiment plus leur Religion. S'ils l'avoient connue & aimée, à la publication de mon Livre ils auroient poussé de concert un cri de joye, ils se se-

---

(*q*) De toutes les Sectes du Christianisme la Lutherienne me paroit la plus inconséquente. Elle a réuni comme à plaisir contre elle seule toutes les objections qu'elles se font l'une à l'autre. Elle est en particulier intolérante comme l'Eglise Romaine; mais le grand argument de celle-ci lui manque: elle est intolérante sans savoir pourquoi.

roient tous unis avec moi qui n'attaquois que leurs adverſaires ; mais ils aiment mieux abandonner leur propre cauſe que de ſoutenir la mienne : avec leur ton riſiblement arrogant, avec leur rage de chicanne & d'intolérance, ils ne ſavent plus ce qu'ils croyent ni ce qu'ils veulent ni ce qu'ils diſent. Je ne les vois plus que comme de mauvais valets des Prêtres, qui les ſervent moins par amour pour eux que par haine contre moi. (r) Quand ils auront bien diſputé, bien chamaillé, bien ergoté, bien prononcé ; tout au fort de leur petit triomphe, le Clergé Romain, qui maintenant rit & les laiſſe faire, viendra les chaſſer armé d'argumens *ad hominem* ſans réplique, & les battant de leurs propres armes, il leur dira : *cela va bien ; mais à*

(r) Il eſt aſſez ſuperflu, je crois, d'avertir que j'excepte ici mon Paſteur, & ceux qui, ſur ce point, penſent comme lui.

préfent ôtez-vous de là, méchans intrus que vous êtes ; vous n'avez travaillé que pour nous. Je reviens à mon sujet.

L'Eglife de Genève n'a donc & ne doit avoir comme Réformée aucune profeſſion de foi précife, articulée, & commune à tous ſes membres. Si l'on vouloit en avoir une, en cela même on bleſſeroit la liberté évangelique, on renonceroit au principe de la Réformation, on violeroit la Loi de l'Etat. Toutes les Eglifes Proteſtantes qui ont dreſſé des formules de profeſſion de foi, tous les Synodes qui ont déterminé des points de doctrine, n'ont voulu que preſcrire aux Paſteurs celle qu'ils devoient enſeigner, & cela étoit bon & convenable. Mais ſi ces Eglifes & ces Synodes ont prétendu faire plus par ces formules, & preſcrire aux fidelles ce qu'ils devoient croire ; alors par de telles déciſions ces aſſemblées n'ont prouvé autre chose, si non qu'elles ignoroient leur propre Religion.

L'Eglise de Genève paroissoit depuis longtems s'écarter moins que les autres du véritable esprit du Christianisme, & c'est sur cette trompeuse apparence que j'honorai ses Pasteurs d'éloges dont je les croyois dignes ; car mon intention n'étoit assurément pas d'abuser le public. Mais qui peut voir aujourd'hui ces mêmes Ministres, jadis si coulans & devenus tout à coup si rigides, chicaner sur l'orthodoxie d'un Laïque & laisser la leur dans une si scandaleuse incertitude ? On leur demande si Jésus-Christ est Dieu, ils n'osent répondre : on leur demande quels mysteres ils admettent, ils n'osent répondre. Sur quoi donc répondront-ils, & quels seront les articles fondamentaux, différens des miens, sur lesquels ils veulent qu'on se décide, si ceux-là n'y sont pas compris ?

Un

LETTRE.

Un Philosophe jette sur eux un coup d'œil rapide; il les pénetre, il les voit Ariens, Sociniens; il le dit, & pense leur faire honneur: mais il ne voit pas qu'il expose leur intérêt temporel; la seule chose qui généralement décide ici-bas de la foi des hommes.

Aussi-tôt allarmés, effrayés, ils s'assemblent, ils discutent, ils s'agitent, ils ne savent à quel saint se vouer ; & après force consultations (s), délibérations, conférences, le tout aboutit à un amphigouri où l'on ne dit ni oui ni non, & auquel il est aussi peu possible de rien comprendre qu'aux deux plaidoyés de Rabelais (t). La doctrine orthodoxe n'est-elle pas

---

(s) *Quand on est bien décidé sur ce qu'on croit*, disoit à ce sujet un Journaliste, *une profession de foi doit être bientôt faite.*

(t) Il y auroit peut-être eu quelque embarras à s'expliquer plus clairement sans être obligés de se retracter sur certaines choses.

bien claire, & ne la voila-t-il pas en de sûres mains?

Cependant parce qu'un d'entre eux compilant force plaisanteries scholastiques aussi bénignes qu'élégantes, pour juger mon Christianisme ne craint pas d'abjurer le sien; tout charmés du savoir de leur confrere, & surtout de sa logique, ils avouent son docte ouvrage, & l'en remercient par une députation. Ce sont, en vérité, de singulieres gens que Messieurs vos Ministres! on ne sait ni ce qu'ils croyent ni ce qu'ils ne croyent pas; on ne sait pas même ce qu'ils font semblant de croire: leur seule maniere d'établir leur foi est d'attaquer celle des autres; ils font comme les Jésuites qui, dit-on, forçoient tout le monde à signer la constitution sans vouloir la signer eux-mêmes. Au lieu de s'expliquer sur la doctrine qu'on leur impute ils pensent donner le change aux autres Eglises en cherchant querelle à leur propre défenseur ; ils veulent prouver par leur ingratitude qu'ils n'avoient pas besoin de mes soins, & croyent se montrer assez Orthodoxes en se montrant persécuteurs.

De tout ceci je concluds qu'il n'est pas aisé de dire en quoi consiste à Genève aujourd'hui la sainte Réformation. Tout ce qu'on peut avancer de certain sur cet article est, qu'elle doit consister principalement à rejetter les points contestés à l'Eglise Romaine par les premiers Réformateurs, & surtout par Calvin. C'est-là l'esprit de votre institution ; c'est par là que vous êtes un peuple libre, & c'est par ce côté seul que la Religion fait chez vous partie de la Loi de l'Etat.

De cette premiere question je passe à la seconde, & je dis ; dans un Livre où la vérité l'utilité la necessité de la Religion en général est établie avec la plus grande force, où, sans donner aucune exclusion (*u*), l'Auteur préfere la Religion Chrétienne à tout autre culte, & la Réformation évangélique à toute autre secte, comment se peut-il que cette même Réformation soit attaquée ? Cela paroit difficile à concevoir. Voyons cependant.

J'ai prouvé ci-devant en général & je prouverai plus en détail ci-après qu'il n'est pas vrai que le Christianisme soit attaqué dans mon Livre. Or lorsque les principes communs ne sont pas attaqués on ne peut attaquer en particulier aucune secte que de deux manieres; savoir, indirectement en soutenant les dogmes distinctifs de ses adversaires, ou directement en attaquant les siens.

(*u*) J'exhorte tout lecteur équitable à relire & peser dans l'Emile ce qui suit immédiatement la profession de foi du Vicaire, & où je reprends la parole.

Mais comment aurois-je foutenu les dogmes diſtinctifs des Catholiques, puiſqu'au contraire ce ſont les ſeuls que j'aye attaqués, & puiſque c'eſt cette attaque même qui a ſoulevé contre moi le parti Catholique, ſans lequel il eſt ſûr que les Proteſtans n'auroient rien dit? Voila, je l'avoue, une des choſes les plus étranges dont on ait jamais ouï parler, mais elle n'en eſt pas moins vraie. Je ſuis confeſſeur de la foi proteſtante à Paris, & c'eſt pour cela que je le ſuis encore à Genève.

Et comment aurois-je attaqué les dogmes diſtinctifs des Proteſtans, puiſqu'au contraire ce ſont ceux que j'ai ſoutenus avec le plus de force, puiſque je n'ai ceſſé d'inſiſter ſur l'autorité de la raiſon en matiere de foi, ſur la libre interprétation des Ecritures, ſur la tolérance évangélique, & ſur l'obéiſſance aux Loix, même en matiere de culte; tous dogmes diſtinctifs & radicaux de l'Eglife Réformée, & fans lefquels, loin d'être folidement établie, elle ne pourroit pas même exifter.

Il y a plus: voyez quelle force la forme même de l'Ouvrage ajoute aux argumens en faveur des Réformés. C'eft un Prêtre Catholique qui parle, & ce Prêtre n'eft ni un impie ni un libertin: C'eft un homme croyant & pieux, plein de candeur, de droiture, & malgré fes difficultés fes objections fes doutes, nourriffant au fond de fon cœur le plus vrai refpect pour le culte qu'il profeffe; un homme qui, dans les épanchemens les plus intimes déclare qu'appellé dans ce culte au fervice de l'Eglife il y remplit avec toute l'exactitude poffible les foins qui lui font prefcrits, que fa confcience lui reprocheroit d'y manquer volontairement dans la moindre chofe, que dans le myftere qui choque le plus fa raifon, il fe recueille au moment de la confécration pour la faire avec toutes les difpofitions qu'exigent l'Eglife & la grandeur du facrement, qu'il prononce avec refpect les mots facramentaux, qu'il donne à leur effet toute la foi qui dépend de lui, & que, quoi qu'il en foit de ce myftere inconcevable, il ne craint pas qu'au jour du jugement il foit puni pour l'avoir jamais profané dans fon cœur (x).

Voila comment parle & penfe cet homme vénérable, vraiment bon, fage, vraiment Chrétien, & le Catholique le plus fincere qui peut-être ait jamais exifté.

Ecoutez toutefois ce que dit ce vertueux Prêtre à un jeune homme Proteftant qui s'étoit fait Catholique & auquel il donne des confeils. ,, Retournez dans votre Patrie, repre-

---

(x) Emile T. III. p. 185 & 186.

„ nez la Religion de vos peres, suivez-la dans
„ la sincérité de votre cœur & ne la quittez
„ plus; elle est très-simple & très-sainte; je
„ la crois de toutes les Religions qui sont sur
„ la terre celle dont la morale est la plus
„ pure, & dont la raison se contente le
„ mieux (y). "

Il ajoute un moment après. „ Quand vous
„ voudrez écouter votre conscience, mille ob-
„ stacles vains disparoîtront à sa voix. Vous
„ sentirez que dans l'incertitude où nous som-
„ mes, c'est une inexcusable présomption de
„ professer une autre Religion que celle où
„ l'on est né, & une fausseté de ne pas prati-
„ quer sincérement celle qu'on professe. Si
„ l'on s'égare, on s'ôte une grande excuse au
„ tribunal du Souverain Juge. Ne pardonne-

(y) ibid, p. 196.

„ ra-t-il pas plutôt l'erreur où l'on fut nourri
„ que celle qu'on oſa choiſir ſoi-même ? (z) "

Quelques pages auparavant il avoit dit:
„ Si j'avois des Proteſtans à mon voiſinage
„ ou dans ma Paroiſſe, je ne les diſtinguerois
„ point de mes Paroiſſiens en ce qui tient à
„ la charité Chrétienne; je les porterois tous
„ également à s'entre-aimer, à ſe regarder
„ comme freres, à reſpecter toutes les Reli-
„ gions & à vivre en paix chacun dans la
„ ſienne. Je penſe que ſolliciter quelqu'un de
„ quitter celle où il eſt né, c'eſt le ſolliciter
„ de mal faire & par conſéquent faire mal ſoi-
„ même. En attendant de plus grandes lumie-
„ res, gardons l'ordre public, dans tout pays
„ reſpectons les Loix, ne troublons point le
„ culte qu'elles preſcrivent, ne portons point

(z) Ibid. p. 195.

,, les Citoyens à la defobéiſſance : car nous ,, ne favons point certainement ſi c'eſt un ,, bien pour eux de quitter leurs opinions ,, pour d'autres, & nous favons certainement ,, que c'eſt un mal de defobéir aux Loix."

Voila, Monſieur, comment parle un Prêtre Catholique dans un Ecrit où l'on m'accuſe d'avoir attaqué le culte des Réformés, & où il n'en eſt pas dit autre choſe. Ce qu'on auroit pu me reprocher, peut-être, étoit une partialité outrée en leur faveur, & un défaut de convenance, en faiſant parler un Prêtre Catholique comme jamais Prêtre Catholique n'a parlé. Ainſi j'ai fait en toute choſe préciſément le contraire de ce qu'on m'accuſe d'avoir fait. On diroit que vos Magiſtrats ſe ſont conduits par gageure : quand ils auroient parié de juger contre l'évidence ils n'auroient pu mieux réuſſir.

Mais ce Livre contient des objections, des difficultés, des doutes ! Et pourquoi non, je vous prie ? Où est le crime à un Protestant de proposer ses doutes sur ce qu'il trouve douteux, & ses objections sur ce qu'il en trouve susceptible ? Si ce qui vous paroit clair me paroit obscur, si ce que vous jugez démontré ne me semble pas l'être, de quel droit prétendez-vous soumettre ma raison à la vôtre, & me donner votre autorité pour Loi, comme si vous prétendiez à l'infaillibilité du Pape ? N'est-il pas plaisant qu'il faille raisonner en Catholique pour m'accuser d'attaquer les Protestans ?

Mais ces objections & ces doutes tombent sur les points fondamentaux de la foi ? Sous l'apparence de ces doutes on a rassemblé tout ce qui peut tendre à sapper, ébranler & détruire les principaux fondemens de la Religion Chrétienne ? Voila qui change la these, & si cela est vrai, je puis être coupable ; mais aussi c'est un mensonge, & un mensonge bien imprudent de la part de gens qui ne savent pas eux-mêmes en quoi consistent les principes fondamentaux de leur Christianisme. Pour moi, je sais très bien en quoi consistent les principes fondamentaux du mien, & je l'ai dit. Presque toute la profession de foi de la Julie est affirmative, toute la premiere partie de celle du Vicaire est affirmative, la moitié de la seconde partie est encore affirmative ; une partie du chapitre de la Religion civile est affirmative, la Lettre à M. l'Archevêque de Paris est affirmative. Voila, Messieurs, mes articles fondamentaux : voyons les vôtres.

Ils sont adroits, ces Messieurs ; ils établissent la méthode de discussion la plus nouvelle & la plus commode pour des persécuteurs. Ils laissent avec art tous les principes de la doctrine incertains & vagues. Mais un Auteur a-t-il le malheur de leur déplaire, ils vont furetant dans ses Livres quelles peuvent être ses opinions. Quand ils croyent les avoir bien constatées, ils prennent les contraires de ces mêmes opinions & en font autant d'articles de foi. Ensuite ils crient à l'impie au blasphême, parce que l'Auteur n'a pas d'avance admis dans ses Livres les prétendus articles de foi qu'ils ont bâtis après coup pour le tourmenter.

Comment les suivre dans ces multitudes de points sur lesquels ils m'ont attaqué ? comment rassembler tous leurs libelles, comment les lire ? Qui peut aller trier tous ces lambeaux toutes ces guenilles chez les frippiers de Genève ou dans le fumier du Mercure de Neufchâtel ? Je me perds je m'embourbe au milieu de tant de bêtises. Tirons de ce fatras un seul article pour servir d'exemple, leur article le plus triomphant, celui pour lequel leurs predicans (*) se sont mis en campagne & dont ils ont fait le plus de bruit: les miracles.

J'entre dans un long examen. Pardonnez-m'en l'ennui, je vous supplie. Je ne veux discuter ce point si terrible que pour vous épargner ceux sur lesquels ils ont moins insisté.

Ils disent donc ,, J. J. Rousseau n'est pas ,, Chrétien quoiqu'il se donne pour tel; car ,, nous, qui certainement le sommes, ne pen- ,, sons pas comme lui. J. J. Rousseau ne croit ,, point à la Révélation, quoiqu'il dise y croi- ,, re: en voici la preuve.

,, Dieu ne revele pas sa volonté immédia-

(*) Je n'aurois point employé ce terme que je trouvois déprisant, si l'exemple du Conseil de Genève, qui s'en servoit en écrivant au Cardinal de Fleury, ne m'eût appris que mon scrupule étoit mal fondé.

,, tement à tous les hommes. Il leur parle par
,, ses Envoyés, & ces Envoyés ont pour
,, preuve de leur mission les miracles. Donc
,, quiconque rejette les miracles rejette les
,, Envoyés de Dieu, & qui rejette les En-
,, voyés de Dieu rejette la Révélation. Or
,, Jean Jaques Rousseau rejette les miracles."

Accordons d'abord & le principe & le fait comme s'ils étoient vrais: nous y reviendrons dans la suite. Cela supposé, le raisonnement précédent n'a qu'un défaut: c'est qu'il fait directement contre ceux qui s'en servent. Il est très bon pour les Catholiques, mais très mauvais pour les Protestans. Il faut prouver à mon tour.

Vous trouverez que je me répete souvent, mais qu'importe? Lorsqu'une même proposition m'est nécessaire à des argumens tout différens, dois-je éviter de la reprendre? Cette affectation feroit puérile. Ce n'est pas de variété qu'il s'agit, c'est de vérité, de raisonnemens justes & concluans. Passez le reste, & ne songez qu'à cela.

Quand les premiers Réformateurs commencerent à se faire entendre l'Eglise universelle étoit en paix; tous les sentimens étoient unanimes; il n'y avoit pas un dogme essenciel débattu parmi les Chrétiens.

Dans cet état tranquille, tout à coup deux ou trois hommes élevent leur voix, & crient dans toute l'Europe: Chrétiens, prenez garde à vous; on vous trompe, on vous égare, on vous mene dans le chemin de l'enfer: le Pape est l'Antechrist, le suppôt de Satan, son Eglise est l'école du mensonge. Vous êtes perdus si vous ne nous écoutez.

A ces premieres clameurs l'Europe étonnée resta quelques momens en silence, attendant

ce

ce qu'il en arriveroit. Enfin le Clergé revenu de sa prémiére surprise & voyant que ces nouveaux venus se faisoient des Sectateurs, comme s'en fait toujours tout homme qui dogmatise, comprit qu'il falloit s'expliquer avec eux. Il commença par leur demander à qui ils en avoient avec tout ce vacarme ? Ceux-ci répondent fiérement qu'ils sont les apôtres de la vérité, appellés à réformer l'Eglise & à ramener les fidelles de la voye de perdition où les conduisoient les Prêtres.

Mais, leur répliqua-t-on, qui vous a donné cette belle commission, de venir troubler la paix de l'Eglise & la tranquillité publique ? Notre conscience, dirent-ils, la raison, la lumiere intérieure, la voix de Dieu à laquelle nous ne pouvons résister sans crime : c'est lui qui nous appelle à ce saint ministere, & nous suivons notre vocation.

Partie I.

Vous êtes donc Envoyés de Dieu, reprirent les Catholiques. En ce cas, nous convenons que vous devez prêcher réformer inftruire, & qu'on doit vous écouter. Mais pour obtenir ce droit commencez par nous montrer vos lettres de créance. Prophétifez, guériffez, illuminez, faites des miracles, déployez les preuves de votre miffion.

La réplique des Réformateurs eft belle, & vaut bien la peine d'être tranfcritte.

,, Oui, nous fommes les Envoyés de Dieu:
,, mais notre miffion n'eft point extraordinai-
,, re: elle eft dans l'impulfion d'une confcien-
,, ce droite, dans les lumieres d'un entende-
,, ment fain. Nous ne vous apportons point
,, une Révélation nouvelle ; nous nous bor-
,, nons à celle qui vous a été donnée, & que
,, vous n'entendez plus. Nous venons à vous,
,, non pas avec des prodiges qui peuvent être

,, trompeurs & dont tant de fausses doctrines
,, se sont étayées, mais avec les signes de la
,, vérité & de la raison qui ne trompent
,, point; avec ce Livre saint que vous défi-
,, gurez & que nous vous expliquons. Nos mi-
,, racles sont des argumens invincibles, nos
,, prophéties sont des démonstrations: nous
,, vous prédisons que si vous n'écoutez la voix
,, de Christ qui vous parle par nos bouches,
,, vous serez punis comme des serviteurs infi-
,, delles à qui l'on dit la volonté de leurs maî-
,, tres, & qui ne veulent pas l'accomplir. "

Il n'étoit pas naturel que les Catholiques convinssent de l'évidence de cette nouvelle doctrine, & c'est aussi ce que la plupart d'entre eux se garderent bien de faire. Or on voit que la dispute étant réduite à ce point ne pouvoit plus finir, & que chacun devoit se donner gain de cause; les Protestans soutenant toujours que leurs interprétations & leurs preuves étoient si claires qu'il falloit être de mauvaise foi pour s'y refuser ; & les Catholiques, de leur côté, trouvant que les petits argumens de quelques particuliers, qui même n'étoient pas sans réplique, ne devoient pas l'emporter sur l'autorité de toute l'Eglise qui de tout tems avoit autrement décidé qu'eux les points débattus.

Tel est l'état où la querelle est restée. On n'a cessé de disputer sur la force des preuves: dispute qui n'aura jamais de fin, tant que les hommes n'auront pas tous la même tête.

Mais ce n'étoit pas de cela qu'il s'agissoit pour les Catholiques. Ils prirent le change, & si, sans s'amuser à chicanner les preuves de leurs adversaires, ils s'en fussent tenus à leur disputer le droit de prouver, ils les auroient embarrassés, ce me semble.

,, Premiérement ", leur auroient-ils dit, ,, vo-
,, tre maniere de raisonner n'est qu'une peti-
,, tion de principe ; car si la force de vos
,, preuves est le signe de votre mission, il
,, s'ensuit pour ceux qu'elles ne convainquent
,, pas que votre mission est fausse, & qu'ainsi
,, nous pouvons légitimement, tous tant que
,, nous sommes, vous punir comme héréti-
,, ques, comme faux Apôtres, comme per-
,, turbateurs de l'Eglise & du Genre humain.
,, Vous ne prêchez pas, dites-vous, des
,, Doctrines nouvelles : & que faites-vous
,, donc en nous prêchant vos nouvelles expli-
,, cations? Donner un nouveau sens aux pa-
,, roles de l'Ecriture n'est-ce pas établir une
,, nouvelle doctrine? N'est-ce pas faire parler
,, Dieu tout autrement qu'il n'a fait? Ce ne
,, sont pas les sons mais les sens des mots qui
,, sont révélés : changer ces sens reconnus &

„ fixés par l'Eglife, c'eſt changer la Révélation.

„ Voyez, de plus, combien vous êtes in-
„ juſtes! Vous convenez qu'il faut des mira-
„ cles pour autoriſer une miſſion divine, &
„ cependant vous, ſimples particuliers de vô-
„ tre propre aveu, vous venez nous parler a-
„ vec empire & comme les Envoyés de Dieu
„ (aa). Vous réclamez l'autorité d'interpréter
„ l'Ecriture à vôtre fantaiſie, & vous préten-
„ dez nous ôter la même liberté. Vous vous

(aa). Farel déclara en propres termes à Genève devant le Conſeil épiſcopal qu'il étoit Envoyé de Dieu: ce qui fit dire à l'un des membres du Conſeil ces paroles de Caïphe: *Il a blaſphémé : qu'eſt il beſoin d'autre témoignage ? Il a mérité la mort*. Dans la doctrine des miracles il en falloit un pour répondre à cela. Cependant Jéſus n'en fit point en cette occaſion, ni Farel non plus. Froment déclara de même au Magiſtrat qui lui défendoit de prêcher, *qu'il valoit mieux obéir à Dieu qu'aux hommes*, & continua de prêcher malgré la défenſe; conduite qui certainement ne pouvoit s'autoriſer que par un ordre exprès de Dieu.

„ arrogez à vous feuls un droit que vous refu-
„ fez & à chacun de nous & à nous tous qui
„ compofons l'Eglife. Quel titre avez-vous
„ donc pour foumettre ainfi nos jugemens
„ communs à votre efprit particulier? Quelle
„ infupportable fuffifance de prétendre avoir
„ toujours raifon, & raifon feuls contre tout
„ le monde, fans vouloir laiffer dans leur
„ fentiment ceux qui ne font pas du vô-
„ tre, & qui penfent avoir raifon auf-
„ fi (*)! Les diftinctions dont vous nous pa-
„ yez feroient tout au plus tolérables fi vous
„ difiez fimplement votre avis, & que vous
„ en reftaffiez-là; mais point. Vous nous fai-

(*) Quel homme, par exemple, fut jamais plus tranchant plus impérieux, plus décifif, plus divinement infaillible à fon gré que Calvin, pour qui la moindre oppofition la moindre objection qu'on ofôit lui faire étoit toujours une œuvre de fatan, un crime digne du feu? Ce n'eft pas au feul Servet qu'il en a coûté la vie pour avoir ofé penfer autrement que lui.

G 4

„ tes une guerre ouverte; vous soufflez le feu
„ de toutes parts. Résister à vos leçons c'est
„ être rebelle, idolâtre, digne de l'enfer.
„ Vous voulez absolument convertir, convain-
„ cre, contraindre même. Vous dogmatisez,
„ vous prêchez, vous censurez, vous anathé-
„ matisez, vous excommuniez, vous punissez,
„ vous mettez à mort: vous exercez l'autorité
„ des Prophêtes, & vous ne vous donnez que
„ pour des particuliers. Quoi! vous Nova-
„ teurs, sur votre seule opinion, soutenus de
„ quelques centaines d'hommes vous brûlez
„ vos adversaires; & nous, avec quinze Siè-
„ cles d'antiquité & la voix de cent millions
„ d'hommes, nous aurons tort de vous brû-
„ ler? Non, cessez de parler d'agir en Apô-
„ tres, ou montrez vos titres, ou quand nous
„ ferons les plus forts vous serez très-juste-
„ ment traités en imposteurs. "

A ce discours, voyez-vous, Monsieur, ce que nos Réformateurs auroient eu de solide à répondre ? Pour moi je ne le vois pas. Je pense qu'ils auroient été réduits à se taire ou à faire des miracles. Triste ressource pour des amis de la vérité !

Je concluds de-là qu'établir la nécessité des miracles en preuve de la mission des Envoyés de Dieu qui prêchent une doctrine nouvelle, c'est renverser la Réformation de fond-en-comble ; c'est faire pour me combattre ce qu'on m'accuse faussement d'avoir fait.

Je n'ai pas tout dit, Monsieur, sur ce chapitre ; mais ce qui me reste à dire ne peut se couper, & ne fera qu'une trop longue Lettre: Il est tems d'achever celle-ci.

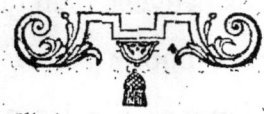

LETTRE TROISIEME.

Je reprens, Monsieur, cette question des miracles que j'ai entrepris de discuter avec vous, & après avoir prouvé qu'établir leur nécessité c'étoit détruire le Protestantisme, je vais chercher à présent quel est leur usage pour prouver la Révélation.

Les hommes ayant des têtes si diversement organisées ne sauroient être affectés tous également des mêmes argumens, surtout en matieres de foi. Ce qui paroit évident à l'un ne paroit pas même probable à l'autre; l'un par son tour d'esprit n'est frappé que d'un genre de preuves, l'autre ne l'est que d'un genre tout différent. Tous peuvent bien quelquefois convenir des mêmes choses, mais il est très-rare qu'ils en conviennent par les mêmes raisons:

ce qui, pour le dire en paſſant, montre combien la diſpute en elle-même eſt peu ſenſée: autant vaudroit vouloir forcer autrui de voir par nos yeux.

Lors donc que Dieu donne aux hommes une Révélation que tous ſont obligés de croire, il faut qu'il l'établiſſe ſur des preuves bonnes pour tous, & qui par conſéquent ſoient auſſi diverſes que les manieres de voir de ceux qui doivent les adopter.

Sur ce raiſonnement, qui me paroit juſte & ſimple, on a trouvé que Dieu avoit donné à la miſſion de ſes Envoyés divers caracteres qui rendoient cette miſſion reconnoiſſable à tous les hommes, petits & grands, ſages & ſots, ſavans & ignorans. Celui d'entre eux qui a le cerveau aſſez flexible pour s'affecter à la fois de tous ces caracteres eſt heureux ſans doute: mais celui qui n'eſt frappé que de quelques-uns n'eſt pas à plaindre, pourvu qu'il en ſoit frappé ſuffiſamment pour être perſuadé.

Le premier, le plus important, le plus certain de ces caracteres ſe tire de la nature de la doctrine; c'eſt-à-dire, de ſon utilité, de ſa beauté (1), de ſa ſainteté, de ſa vérité, de ſa profondeur, & de toutes les autres qualités qui peuvent annoncer aux hommes les inſtruc-

---

(1) Je ne ſais pourquoi l'on veut attribuer au progrès de la philoſophie la belle morale de nos Livres. Cette morale, tirée de l'Evangile, étoit Chrétienne avant d'être philoſophique. Les Chrétiens l'enſeignent ſans la pratiquer, je l'avoue; mais que font de plus les philoſophes, ſi ce n'eſt de ſe donner à eux-mêmes beaucoup de louanges, qui n'étant répétées par perſonne autre, ne prouvent pas grand choſe, à mon avis?

Les préceptes de Platon ſont ſouvent très-ſublimes, mais combien n'erre-t-il pas quelque fois, & juſqu'où ne vont pas ſes erreurs? Quant à Ciceron, peut-on croire que ſans Platon ce Rhéteur eut trouvé ſes offices? L'Evangile ſeul eſt quant à la morale, toujours ſûr, toujours vrai, toujours unique, & toujours ſemblable à lui-même.

tions de la suprême sagesse, & les préceptes de la suprême bonté. Ce caractere est, comme j'ai dit, le plus sûr, le plus infaillible, il porte en lui-même une preuve qui dispense de toute autre; mais il est le moins facile à constater: il exige, pour être senti, de l'étude de la réflexion des connoissances, des discussions qui ne conviennent qu'aux hommes sages qui sont instruits & qui savent raisonner.

Le second caractere est dans celui des hommes choisis de Dieu pour annoncer sa parole; leur sainteté, leur véracité, leur justice, leurs mœurs pures & sans tache, leurs vertus inaccessibles aux passions humaines sont, avec les qualités de l'entendement, la raison l'esprit le savoir la prudence, autant d'indices respectables, dont la réunion, quand rien ne s'y dément, forme une preuve complette en leur faveur, & dit qu'ils sont plus que des hommes. Ceci eſt le ſigne qui frappe par préférence les gens bons & droits qui voyent la vérité par tout où ils voyent la juſtice, & n'entendent la voix de Dieu que dans la bouche de la vertu. Ce caractere a ſa certitude encore, mais il n'eſt pas impoſſible qu'il trompe, & ce n'eſt pas un prodige qu'un impoſteur abuſe les gens de bien, ni qu'un homme de bien s'abuſe lui-même, entraîné par l'ardeur d'un ſaint zele qu'il prendra pour de l'inſpiration.

Le troiſieme caractere des Envoyés de Dieu, eſt une émanation de la Puiſſance divine, qui peut interrompre & changer le cours de la nature à la volonté de ceux qui reçoivent cette émanation. Ce caractere eſt ſans contredit le plus brillant des trois, le plus frappant, le plus prompt à ſauter aux yeux, celui qui ſe marquant par un effet ſubit & ſenſible, ſemble exiger le moins d'examen & de discussion : par-là ce caractere est aussi celui qui saisit spécialement le peuple, incapable de raisonnemens suivis, d'observations lentes & sûres, & en toute chose esclave de ses sens: mais c'est ce qui rend ce même caractere é-quivoque, comme il sera prouvé ci-après ; & en effet, pourvu qu'il frappe ceux auxquels il est destiné qu'importe qu'il soit apparent ou réel ? C'est une distinction qu'ils sont hors d'é-tat de faire: ce qui montre qu'il n'y a de signe vraiment certain que celui qui se tire de la doctrine, & qu'il n'y a par conséquent que les bons raisonneurs qui puissent avoir une foi solide & sûre ; mais la bonté divine se prête aux foiblesses du vulgaire & veut bien lui donner des preuves qui fassent pour lui.

Je m'arrête ici sans rechercher si ce dénom-brement peut aller plus loin: c'est une discus-sion inutile à la nôtre: car il est clair que quand tous ces signes se trouvent réunis c'en est assez pour persuader tous les hommes, les sages les bons & le peuple. Tous, excepté les foux, incapables de raison, & les méchans qui ne veulent être convaincus de rien.

Ces caracteres sont des preuves de l'autorité de ceux en qui ils résident; ce sont les raisons sur lesquelles on est obligé de les croire. Quand tout cela est fait la vérité de leur mission est établie; ils peuvent alors agir avec droit & puissance en qualité d'Envoyés de Dieu. Les preuves sont les moyens, la foi due à la doctrine est la fin. Pourvû qu'on admette la doctrine c'est la chose la plus vaine de disputer sur le nombre & le choix des preuves, & si une seule me persuade, vouloir m'en faire adopter d'autres est un soin perdu. Il seroit du moins bien ridicule de soutenir qu'un homme ne croit pas ce qu'il dit croire,

croire, parce qu'il ne le croit pas précisément par les mêmes raisons que nous disons avoir de le croire aussi.

Voila, ce me semble, des principes clairs & incontestables : venons à l'application. Je me déclare Chrétien ; mes persécuteurs disent que je ne le suis pas. Ils prouvent que je ne suis pas Chrétien parce que je rejette la Révélation, & ils prouvent que je rejette la Révélation parce que je ne crois pas aux miracles.

Mais pour que cette conséquence fut juste, il faudroit de deux choses l'une : ou que les miracles fussent l'unique preuve de la Révélation, ou que je rejettasse également les autres preuves qui l'attestent. Or il n'est pas vrai que les miracles soient l'unique preuve de la Révélation, & il n'est pas vrai que je rejette les autres preuves ; puisqu'au contraire

Partie I.   H

on les trouve établies dans l'ouvrage même où l'on m'accufe de détruire la Révélation (2).

Voila précifément à quoi nous en fommes. Ces Meffieurs, déterminés à me faire malgré moi rejetter la Révélation, comptent pour rien que je l'admette fur les preuves qui me convainquent, fi je ne l'admets encore fur celles qui ne me convainquent pas, & parce que je ne le puis ils difent que je la rejette. Peut-on rien concevoir de plus injufte & de plus extravagant ?

Et voyez de grace fi j'en dis trop ; lorfqu'ils me font un crime de ne pas admettre

---

(2) Il importe de remarquer que le Vicaire pouvoit trouver beaucoup d'objections comme Catholique, qui font nulles pour un Proteftant. Ainfi le fcepticifme dans lequel il refte ne prouve en aucune façon le mien, furtout après la déclaration très expreffe que j'ai faite à la fin de ce même Ecrit. On voit clairement dans mes principes que plufieurs des objections qu'il contient portent à faux.

une preuve que non seulement Jésus n'a pas donnée, mais qu'il a refusée expressément.

Il ne s'anonça pas d'abord par des miracles mais par la prédication. A douze ans il disputoit déja dans le Temple avec les Docteurs, tantôt les interrogeant & tantôt les surprenant par la sagesse de ses réponses. Ce fut là le commencement de ses fonctions, comme il le déclara lui-même à sa mere & à Joseph (3). Dans le pays avant qu'il fit aucun miracle il se mit à prêcher aux peuples le Royaume des Cieux (4), & il avoit déja rassemblé plusieurs disciples sans s'être autorisé près d'eux d'aucun signe, puisqu'il est dit que ce fut à Cana qu'il fit le premier (5).

Quand il fit ensuite des miracles, c'étoit le

---

(3) Luc. XI. 46. 47. 49.
(4) Matth. IV. 17.
(5) Jean II. 11. Je ne puis penser que person-

plus souvent dans des occasions particulieres dont le choix n'annonçoit pas un témoignage public, & dont le but étoit si peu de manifester sa puissance, qu'on ne lui en a jamais demandé pour cette fin qu'il ne les ait refusés. Voyez là-dessus toute l'histoire de sa vie; écoutez surtout sa propre déclaration: elle est si décisive que vous n'y trouverez rien à répliquer.

Sa carriere étoit déja fort avancée, quand les Docteurs, le voyant faire tout de bon le Prophête au milieu d'eux, s'aviserent de lui demander un signe. A cela qu'auroit dû répondre Jésus, selon vos Messieurs? ,, Vous ,, demandez un signe, vous en avez eu cent. ,, Croyez-vous que je sois venu m'annoncer à

___

ne veuille mettre au nombre des signes publics de sa mission la tentation du diable & le jeûne de quarante jours.

,, vous pour le Meſſie ſans commencer par
,, rendre témoignage de moi, comme ſi j'a-
,, vois voulu vous forcer à me méconnoître
,, & vous faire errer malgré vous? Non, Ca-
,, na, le Centenier, le Lépreux, les aveu-
,, gles, les paralytiques, la multiplication des
,, pains, toute la Galilée, toute la Judée dé-
,, poſent pour moi. Voila mes ſignes; pour-
,, quoi feignez-vous de ne les pas voir?"

Au lieu de cette réponſe, que Jéſus ne fit point, voici, Monſieur, celle qu'il fit.

La Nation méchante & adultere demande un ſigne, & il ne lui en ſera point donné. Ailleurs il ajoute. *Il ne lui ſera point donné d'autre ſigne que celui de Jonas le Prophéte. Et leur tournant le dos, il s'en alla* (6).

Voyez d'abord comment, blâmant cette

---

(6) Marc. VIII. 12. Matth. XVI. 4. Pour abréger j'ai fondu enſemble ces deux paſſages, mais j'ai conſervé la diſtinction eſſencielle à la queſtion.

manie des signes miraculeux, il traite ceux qui les demandent? Et cela ne lui arrive pas une fois seulement mais plusieurs (7). Dans le système de vos Messieurs cette demande étoit très légitime: pourquoi donc insulter ceux qui la faisoient?

Voyez ensuite à qui nous devons ajouter foi par préférence; d'eux, qui soutiennent que c'est rejetter la Révélation Chrétienne que de ne pas admettre les miracles de Jésus pour les signes qui l'établissent, ou de Jésus lui-même, qui déclare qu'il n'a point de signe à donner.

Ils demanderont ce que c'est donc que le signe de Jonas le Prophête? Je leur répondrai que c'est sa prédication aux Ninivites, précisément le même signe qu'enployoit Jésus avec

---

(7) Conferez les passages suivans. Matth. XII. 39. 41. Marc. VIII. 12. Luc. XI. 29. Jean II. 18. 19. IV. 48. V. 34. 36. 39.

LETTRE. 119

les Juifs, comme il l'explique lui-même (8). On ne peut donner au second passage qu'un sens qui se rapporte au premier, autrement Jésus se seroit contredit. Or dans le premier passage où l'on demande un miracle en signe, Jésus dit positivement qu'il n'en sera donné aucun. Donc le sens du second passage n'indique aucun signe miraculeux.

Un troisieme passage, insisteront-ils, explique ce signe par la résurrection de Jésus (9). Je le nie; il l'explique tout au plus par sa mort. Or la mort d'un homme n'est pas un miracle; ce n'en est pas même un qu'après avoir resté trois jours dans la terre un corps en soit retiré. Dans ce passage il n'est pas dit un mot de la résurrection. D'ailleurs quel genre de preuve seroit-ce de s'autoriser durant

---

(8) Matth. XII. 41.   Luc. XI. 30. 32.
(9) Matth. XII. 40.

sa vie sur un signe qui n'aura lieu qu'après sa mort ? Ce seroit vouloir ne trouver que des incrédules ; ce seroit cacher la chandelle sous le boisseau : Comme cette conduite seroit injuste, cette interprétation seroit impie.

De plus, l'argument invincible revient encore. Le sens du troisieme passage ne doit pas attaquer le premier, & le premier affirme qu'il ne sera point donné de signe, point du tout, aucun. Enfin, quoiqu'il en puisse être, il reste toujours prouvé par le témoignage de Jésus même, que, s'il a fait des miracles durant sa vie, il n'en a point fait en signe de sa mission.

Toutes les fois que les Juifs ont insisté sur ce genre de preuves, il les a toujours renvoyés avec mépris, sans daigner jamais les satisfaire. Il n'approuvoit pas même qu'on prît en ce sens ses œuvres de charité. *Si vous ne voyez des prodiges & des miracles, vous ne croyez point;* disoit-il à celui qui le prioit de guérir son fils (10). Parle-t-on sur ce ton-là quand on veut donner des prodiges en preuves?

Combien n'étoit-il pas étonnant que, s'il en eut tant donné de telles, on continuât sans cesse à lui en demander? *Quel miracle fais-tu, lui disoient les Juifs, afin que l'ayant vû nous croyons à toi? Moyse donna la manne dans le désert à nos peres; mais toi, quelle œuvre fais-tu* (a)? C'est à peu près, dans le sens de vos Messieurs, & laissant à part la Majesté royale, comme si quelqu'un venoit dire à Frederic. *On te dit un grand Capitaine; & pourquoi donc? Qu'as-tu fait qui te montre tel? Gustave vainquit à Leipsic à Lutzen, Charles à Frawstat à*

---

(10) Jean IV. 48.
(a) Jean VI. 30. 31. & suiv.

Narva ; mais où font tes monumens ? Quelle victoire as-tu remportée, quelle Place as-tu prife, quelle marche as-tu faite, quelle Campagne t'a couvert de gloire ? de quel droit portes-tu le nom de Grand ? L'impudence d'un pareil difcours eft elle concevable, & trouveroit-on fur la terre entiere un homme capable de le tenir ?

Cependant, fans faire honte à ceux qui lui en tenoient un femblable, fans leur accorder aucun miracle, fans les édifier au moins fur ceux qu'il avoit faits, Jéfus, en réponfe à leur queftion, fe contente d'allégorifer fur le pain du Ciel: auffi, loin que fa réponfe lui donnât de nouveaux Difciples, elle lui en ôta plufieurs de ceux qu'il avoit, & qui, fans doute, penfoient comme vos Théologiens. La défertion fut telle qu'il dit aux douze; *Et vous, ne voulez-vous pas auffi vous en aller ?* Il ne paroit pas qu'il eut fort à cœur de conserver ceux qu'il ne pouvoit retenir que par des miracles.

Les Juifs demandoient un signe du Ciel. Dans leur système, ils avoient raison. Le signe qui devoit constater la venue du Messie ne pouvoit pour eux être trop évident, trop décisif, trop au dessus de tout soupçon, ni avoir trop de témoins occulaires; comme le témoignage immédiat de Dieu vaut toujours mieux que celui des hommes, il étoit plus sûr d'en croire au signe même, qu'aux gens qui disoient l'avoir vu, & pour cet effet le Ciel étoit préférable à la terre.

Les Juifs avoient donc raison dans leur vue, parce qu'ils vouloient un Messie apparent & tout miraculeux. Mais Jésus dit après le Prophête que le Royaume des Cieux ne vient point avec apparence, que celui qui l'annonce ne débat point, ne crie point, qu'on n'entend point sa voix dans les rues. Tout cela ne respire pas l'oftentation des miracles; aussi n'étoit-elle pas le but qu'il se proposoit dans les siens. Il n'y mettoit ni l'appareil ni l'authenticité nécessaires pour constater de vrais signes, parce qu'il ne les donnoit point pour tels. Au contraire il recommandoit le secret aux malades qu'il guérissoit, aux boiteux qu'il faisoit marcher, aux possédés qu'il délivroit du Démon. L'on eut dit qu'il craignoit que sa vertu miraculeuse ne fut connue; on m'avouera que c'étoit une étrange maniere d'en faire la preuve de sa mission.

Mais tout cela s'explique de soi-même, sitôt que l'on conçoit que les Juifs alloient cherchant cette preuve où Jésus ne vouloit pas qu'elle fut. *Celui qui me rejette a*, disoit il, *qui le juge*. Ajoutoit-il, *les miracles que j'ai faits le condamneront?* Non, mais; *la parole que j'ai portée le condannera.* La preuve est donc dans la parole & non pas dans les miracles.

On voit dans l'Evangile que ceux de Jésus étoient tous utiles: mais ils étoient sans éclat sans apprêt sans pompe, ils étoient simples comme ses discours, comme sa vie, comme toute sa conduite. Le plus apparent le plus palpable qu'il ait fait est sans contredit celui de la multiplication des cinq pains & des deux poissons qui nourrirent cinq mille hommes. Non seulement ses disciples avoient vû le miracle, mais il avoit pour ainsi dire passé par leurs mains; & cependant ils n'y pensoient pas, ils ne s'en doutoient presque pas. Concevez-vous qu'on puisse donner pour signes notoires au Genre humain dans tous les siècles des faits auxquels les témoins les plus immédiats font à peine attention (*b*) ?

Et tant s'en faut que l'objet réel des miracles de Jésus fut d'établir la foi, qu'au contraire il commençoit par exiger la foi avant que de faire le miracle. Rien n'eſt ſi fréquent dans l'Evangile. C'eſt préciſément pour cela, c'eſt parce qu'un Prophête n'eſt ſans honneur que dans ſon pays, qu'il fit dans le ſien très peu de miracles (*c*) ; il eſt dit même qu'il n'en pût faire, à cauſe de leur incrédulité (*d*). Comment ? c'étoit à cauſe de leur incrédulité qu'il en falloit faire pour les convaincre, ſi ſes miracles avoient eu cet objet ; mais ils ne l'avoient pas. C'étoient ſimplement des actes de

---

(*b*) Marc. VI. 52. Il eſt dit que c'étoit à cauſe que leur cœur étoit ſtupide ; mais qui s'oſeroit vanter d'avoir un cœur plus intelligent dans les choſes ſaintes que les diſciples choiſis par Jéſus.

(*c*) Matth. XIII. 58.

(*d*) Marc. VI. 5.

bonté, de charité, de bienfaisance, qu'il faisoit en faveur de ses amis, & de ceux qui croyoient en lui; & c'étoit dans de pareils actes que consistoient les œuvres de miséricorde, vraiment dignes d'être siennes, qu'il disoit rendre témoignage de lui (*e*). Ces œuvres marquoient le pouvoir de bien faire plutôt que la volonté d'étonner, c'étoient des vertus (*f*) plus que des miracles. Et comment la suprême sagesse eut-elle employé des moyens si contraires à la fin qu'elle se proposoit? Comment n'eut-elle pas prévu que les miracles dont elle appuyoit l'autorité de ses Envoyés produiroient un effet tout opposé, qu'ils feroient suspecter la vérité de l'histoire tant sur les miracles que sur la mission, & que parmi tant de solides preu-

---

(*e*) Jean. X. 25. 32. 38.
(*f*). C'est le mot employé dans l'Ecriture; nos traducteurs le rendent par celui de miracles.

ves, celle-là ne feroit que rendre plus difficiles sur toutes les autres les gens éclairés & vrais ? Oui je le soutiendrai toujours, l'appui qu'on veut donner à la croyance en est le plus grand obstacle : ôtez les miracles de l'Evangile & toute la terre est aux pieds de Jésus-Christ (g).

Vous voyez, Monsieur, qu'il est attesté par l'Ecriture même que dans la Mission de Jésus-Christ les miracles ne sont point un signe tellement nécessaire à la foi qu'on n'en puisse avoir sans les admettre. Accordons que d'autres passages présentent un sens contraire à ceux-ci,

ceux-

(g) Paul prêchant aux Athéniens fut écouté fort paisiblement jusqu'à ce qu'il leur parlât d'un homme ressuscité. Alors les uns se mirent à rire ; les autres lui dirent : *Cela suffit, nous entendrons le reste une autre fois.* Je ne sais pas bien ce que pensent au fond de leurs cœurs ces bons Chrétiens à la mode ; mais s'ils croyent à Jésus par ses miracles, moi j'y crois malgré ses miracles, & j'ai dans l'esprit que ma foi vaut mieux que la leur.

ceux-ci réciproquement préfentent un fens contraire aux autres, & alors je choifis, ufant de mon droit, celui de ces fens qui me paroit le plus raifonnable & le plus clair. Si j'avois l'orgueil de vouloir tout expliquer, je pourrois en vrai Théologien tordre & tirer chaque paffage à mon fens; mais la bonne foi ne me permet point ces interprétations Sophiftiques; fuffifamment autorifé dans mon fentiment (b)

(b) Ce fentiment ne m'eft point tellement particulier qu'il ne foit auffi celui de plufieurs Théologiens dont l'orthodoxie eft mieux établie que celle du Clergé de Genève. Voici ce que m'écrivoit la-deffus un de ces Meffieurs le 28 Février 1764.

„ Quoiqu'en dife la cohue des modernes apolo-
„ giftes du Chriftianifme, je fuis perfuadé qu'il n'y
„ a pas un mot dans les Livres facrés d'où l'on
„ puiffe légitimement conclurre que les miracles
„ aient été deftinés à fervir de preuve pour les
„ hommes de tous les tems & de tous les lieux.
„ Bien loin de-là, ce n'étoit pas à mon avis le
„ principal objet pour ceux qui en furent les té-
„ moins oculaires. Lorfque les Juifs demandoient
„ des miracles à Saint Paul, pour toute réponfe

Partie I. I

par ce que je comprends, je reste en paix sur ce que je ne comprends pas, & que ceux qui me l'expliquent me font encore moins comprendre. L'autorité que je donne à l'Evangile je ne la donne point aux interprétations des hommes, & je n'entends pas plus les soumettre à la mienne que me soumettre à la leur.

„ il leur prêchoit Jésus crucifié. A coup sûr si
„ Grotius, les Auteurs de la société de Boyle,
„ Vernes, Vernet &c. eussent été à la place de cet
„ Apôtre, ils n'auroient rien eu de plus pressé que
„ d'envoyer chercher des tréteaux pour satisfaire
„ à une demande qui quadre si bien avec leurs
„ principes. Ces gens-là croyent faire merveilles
„ avec leurs ramas d'argumens; mais un jour on
„ doutera j'espere, s'ils n'ont pas été compilés par
„ une société d'incrédules, sans qu'il faille être
„ Hardouin pour cela."
Qu'on ne pense pas, au reste que l'Auteur de cette Lettre soit mon partisan; tant s'en faut: il est un de mes adversaires. Il trouve seulement que les autres ne savent ce qu'ils disent. Il soupçonne peut-être pis: car la foi de ceux qui croyent sur les miracles, sera toujours très suspecte aux gens éclairés.

La régle est commune, & claire en ce qui importe; la raison qui l'explique est particuliere, & chacun a la sienne qui ne fait autorité que pour lui. Se laisser mener par autrui sur cette matiere c'est substituer l'explication au texte, c'est se soumettre aux hommes & non pas à Dieu.

Je reprends mon raisonnement, & après avoir établi que les miracles ne sont pas un signe nécessaire à la foi, je vais montrer en confirmation de cela que les miracles ne sont pas un signe infaillible & dont les hommes puissent juger.

Un miracle est, dans un fait particulier, un acte immédiat de la puissance divine, un changement sensible dans l'ordre de la nature, une exception réelle & visible à ses Loix. Voila l'idée dont il ne faut pas s'écarter si l'on veut s'entendre en raisonnant sur cette matiere. Cette idée offre deux queſtions à réſoudre.

La premiere : Dieu peut-il faire des miracles ? C'eſt-à-dire, peut-il déroger aux Loix qu'il a établies ? Cette queſtion ſérieuſement traitée ſeroit impie ſi elle n'étoit abſurde : ce ſeroit faire trop d'honneur à celui qui la réſoudroit négativement que de le punir ; il ſuffiroit de l'enfermer. Mais auſſi quel homme a jamais nié que Dieu pût faire des miracles ? Il falloit être Hébreu pour demander ſi Dieu pouvoit dreſſer des tables dans le déſert.

Seconde queſtion : Dieu veut-il faire des miracles ? C'eſt autre choſe. Cette queſtion en elle-même & abſtraction faite de toute autre conſidération eſt parfaitement indifférente ; elle n'intereſſe en rien la gloire de Dieu dont nous ne pouvons ſonder les deſſeins. Je dirai plus ; s'il pouvoit y avoir quelque différence quant à la foi dans la maniere d'y répondre, les plus grandes idées que nous puissions avoir de la sagesse & de la majesté divine seroient pour la négative, il n'y a que l'orgueil humain qui soit contre. Voila jusqu'où la raison peut aller. Cette question, du reste, est purement oiseuse; & pour la résoudre il faudroit lire dans les décrets éternels ; car, comme on verra tout à l'heure, elle est impossible à décider par les faits. Gardons nous donc d'oser porter un œil curieux sur ces mysteres. Rendons ce respect à l'essence infinie de ne rien prononcer d'elle: nous n'en connoissons que l'immensité.

Cependant quand un mortel vient hardiment nous affirmer qu'il a vu un miracle, il tranche net cette grande question ; jugez si l'on doit l'en croire sur sa parole! Ils seroient mille que je ne les en croirois pas.

Je laisse à part le grossier sophisme d'employer la preuve morale à conſtater des faits naturellement impoſſibles, puis qu'alors le principe même de la crédibilité fondé ſur la poſſibilité naturelle eſt en défaut. Si les hommes veulent bien en pareil cas admettre cette preuve dans des choſes de pure ſpéculation, ou dans des faits dont la vérité ne les touche gueres, aſſurons-nous qu'ils feroient plus difficiles s'il s'agiſſoit pour eux du moindre intérêt temporel. Suppoſons qu'un mort vint redemander ſes biens à ſes héritiers affirmant qu'il eſt reſſuſcité & requérant d'être admis à la preuve (*i*), croyez-vous qu'il y ait un ſeul tribunal ſur la terre où cela lui fut accordé ? Mais encore un coup n'entamons pas ici ce débat; laiſſons aux faits toute la certitude qu'on leur donne, & contentons-nous de diſtinguer ce

---

(*i*) Prenez bien garde que dans ma ſuppoſition c'eſt une réſurrection véritable & non pas une fauſſe mort qu'il s'agit de conſtater.

que le sens peut attester de ce que la raison peut conclurre.

Puisqu'un miracle est une exception aux Loix de la nature, pour en juger il faut connoître ces Loix, & pour en juger sûrement il faut les connoître toutes: car une seule qu'on ne connoîtroit pas pourroit en certains cas inconnus aux spectateurs changer l'effet de celles qu'on connoîtroit. Ainsi celui qui prononce qu'un tel ou tel acte est un miracle déclare qu'il connoit toutes les Loix de la nature & qu'il sait que cet acte en est une exception.

Mais quel est ce mortel qui connoit toutes les Loix de la nature? Newton ne se vantoit pas de les connoître. Un homme sage témoin d'un fait inouï peut attester qu'il a vu ce fait & l'on peut le croire; mais ni cet homme sage ni nul autre homme sage sur la terre n'affirmera jamais que ce fait, quelque étonnant qu'il puisse être, soit un miracle ; car comment peut-il le savoir ?

Tout ce qu'on peut dire de celui qui se vante de faire des miracles est qu'il fait des choses fort extraordinaires ; mais qui est-ce qui nie qu'il se fasse des choses fort extraordinaires ? J'en ai vu, moi, de ces choses là, & même j'en ait fait (*k*).

(*k*) J'ai vu à Venise en 1743 une maniere de forts assez nouvelle, & plus étrange que ceux de Preneste. Celui qui les vouloit consulter entroit dans une chambre, & y restoit seul s'il le desiroit. Là d'un Livre plein de feuillets blancs il en tiroit un à son choix ; puis tenant cette feuille il demandoit, non à voix haute, mais mentalement ce qu'il vouloit savoir. Ensuite il plioit sa feuille blanche, l'enveloppoit, la cachetoit, la plaçoit dans un Livre ainsi cachetée ; enfin, après avoir récité certaines formules fort baroques sans perdre son Livre de vue, il en alloit tirer le papier, reconnoître le cachet, l'ouvrir, & il trouvoit sa réponse écrite.

Le magicien qui faisoit ces forts étoit le premier Secrétaire de l'Ambassadeur de France, & il s'appelloit J. J. Rousseau.

L'étude de la nature y fait faire tous les jours de nouvelles découvertes : l'induſtrie humaine ſe perfectionne tous les jours. La Chymie curieuſe a des tranſmutations, des précipitations, des détonations, des explofions, des phoſphores, des pyrophóres, des tremblemens de terre, & mille autres merveilles à faire ſigner mille fois le peuple qui les verroit. L'huile de Gayac & l'eſprit de nitre ne ſont pas des liqueurs fort rares ; mêlez-les enſemble, & vous verrez ce qu'il en arrivera ; mais n'allez pas faire cette épreuve dans une chambre, car vous pourriez bien mettre le feu à la maiſon (*l*). Si les Prêtres de Baal avoient eu M. Rouelle au

---

Je me contentois d'être ſorcier parce que j'étois modeſte ; mais fi j'avois eu l'ambition d'être Prophète, qui m'eut empêché de le devenir ?

(*l*) Il y a des précautions à prende pour réuſſir dans cette opération : l'on me diſpenſera bien, je penſe, d'en mettre ici le Récipé.

milieu d'eux leur bucher eut pris feu de lui-même & Elie eut été pris pour dupe.

Vous verfez de l'eau dans de l'eau, voilà de l'encre; vous verfez de l'eau dans de l'eau, voilà un corps dur. Un Prophête du College de Harcourt va en Guinée & dit au peuple; reconnoiffez le pouvoir de celui qui m'envoye; je vais convertir de l'eau en pierre; par des moyens connus du moindre Ecolier il fait de la glace: voilà les Négres prêts à l'adorer.

Jadis les Prophêtes faifoient defcendre à leur voix le feu du Ciel; aujourd'hui les enfans en font autant avec un petit morceau de verre. Jofué fit arrêter le Soleil; un faifeur d'almanacs va le faire éclipfer; le prodige eft encore plus fenfible. Le cabinet de M. l'Abbé Nollet eft un laboratoire de magie, les récréations mathématiques font un recueil de miracles; que dis-je? les foires même en fourmilleront, les Briochés n'y font pas rares; le feul Payfan de Northollande que j'ai vu vingt fois allumer fa chandelle avec fon couteau a dequoi fubjuguer tout le Peuple, même à Paris; que penfez-vous qu'il eut fait en Syrie?

C'eft un fpectacle bien fingulier que ces foires de Paris; il n'y en a pas une où l'on ne voye les chofes les plus étonnantes, fans que le public daigne prefque y faire attention; tant on eft accoutumé aux chofes étonnantes, & même à celles qu'on ne peut concevoir! On y voit au moment que j'écris ceci deux machines portatives féparées, dont l'une marche ou s'arrête exactement à la volonté de celui qui fait marcher ou arrêter l'autre. J'y ai vu une tête de bois qui parloit, & dont on ne parloit pas tant que de celle d'Albert le grand. J'ai vu même une chofe plus furprenante; c'étoit force têtes d'hommes, de favans, d'Académiciens qui couroient aux miracles des convulſions, & qui en revenoient tout émerveillés.

Avec le canon, l'optique, l'aimant, le barometre, quels prodiges ne fait-on pas chez les ignorans? Les Européens avec leurs arts ont toujours paſſé pour des Dieux parmi les Barbares. Si dans le ſein même des Arts, des Sciences, des colleges, des Académies; ſi dans le milieu de l'Europe, en France, en Angleterre, un homme fut venu le ſiécle dernier, armé de tous les miracles de l'électricité que nos phyſiciens operent aujourd'hui, l'eut-on brûlé comme un ſorcier, l'eut-on ſuivi comme un Prophête? Il eſt à préſumer qu'on eut fait l'un ou l'autre : il eſt certain qu'on auroit eu tort.

Je ne ſais ſi l'art de guérir eſt trouvé ni s'il ſe trouvera jamais : Ce que je ſais c'eſt qu'il n'eſt pas hors de la nature. Il eſt tout auſſi naturel qu'un homme guériſſe qu'il l'eſt qu'il tombe malade ; il peut tout auſſi bien guérir ſubitement que mourir ſubitement. Tout ce qu'on pourra dire de certaines guériſons, c'eſt qu'elles ſont ſurprenantes, mais non pas qu'elles ſont impoſſibles ; comment prouverez-vous donc que ce ſont des miracles ? Il y a pourtant, je l'avoue, des choſes qui m'étonneroient fort ſi j'en étois le témoin : ce ne feroit pas tant de voir marcher un boiteux qu'un homme qui n'avoit point de jambe, ni de voir un paralytique mouvoir ſon bras qu'un homme qui n'en a qu'un reprendre les deux. Cela me frapperoit encore plus, je l'avoue, que de voir reſſuſciter un mort ; car enfin un mort peut n'être pas mort (*m*). Voyez le Livre de M. Bruhier.

─────────

(*m*) *Lazare étoit déja dans la terre ?* Seroit-il le premier homme qu'on auroit enterré vivant ? *Il y étoit depuis quatre jours ?* Qui les a comptés ? Ce n'eſt pas Jéſus qui étoit abſent. *Il puoit déja ?* Qu'en ſavez-vous ? Sa ſœur le dit ; voila toute la preuve.

TROISIEME.

Au reste, quelque frappant que pût me paroître un pareil spectacle, je ne voudrois pour rien au monde en être témoin ; car que sais-je ce qu'il en pourroit arriver ? Au lieu de me rendre crédule, j'aurois grand peur qu'il ne me rendît que fou : mais ce n'est pas de moi qu'il s'agit ; revenons.

On vient de trouver le secret de ressusciter des noyés ; on a déja cherché celui de ressusciter les pendus ; qui sait si dans d'autres genres de mort, on ne parviendra pas à rendre la vie

---

L'effroi le dégoût en eût fait dire autant à toute autre femme, quand même cela n'eut pas été vrai. *Jésus ne fait que l'appeler, & il sort.* Prenez garde de mal raisonner. Il s'agissoit de l'impossibilité physique ; elle n'y est plus. Jésus faisoit bien plus de façons dans d'autres cas qui n'étoient pas plus difficiles : voyez la note qui suit. Pourquoi cette différence, si tout étoit également miraculeux ? Ceci peut être une exagération, & ce n'est pas la plus forte que saint Jean ait faite ; j'en atteste le dernier verset de son Evangile.

à des corps qu'on en avoit cru privés. On ne savoit jadis ce que c'étoit que d'abattre la cataracte; c'est un jeu maintenant pour nos chirurgiens. Qui sait s'il n'y a pas quelque secret trouvable pour la faire tomber tout d'un coup? Qui sait si le possesseur d'un pareil secret ne peut pas faire avec simplicité, ce qu'un spectateur ignorant va prendre pour un miracle, & ce qu'un Auteur prévenu peut donner pour tel (*)? Tout cela n'est pas vraisemblable,

---

(*) On voit quelquefois dans le détails des faits rapportés une gradation qui ne convient point à une opération surnaturelle. On présente à Jésus un aveugle. Au lieu de le guérir à l'instant, il l'emmene hors de la bourgade. Là il oint ses yeux de salive, il pose ses mains sur lui; après quoi il lui demande s'il voit quelque chose. L'aveugle répond qu'il voit marcher des hommes qui lui paroissent comme des arbres : Sur quoi, jugeant que la premiere opération n'est pas suffisante, Jésus la recommence, & enfin l'homme guérit.

Une autre fois, au lieu d'employer de la salive pure, il la délaye avec de la terre.

soit: Mais nous n'avons point de preuve que cela soit impossible, & c'est de l'impossibilité physique qu'il s'agit ici. Sans cela, Dieu déployant à nos yeux sa puissance n'auroit pu nous donner que des signes vraisemblables, de simples probabilités; & il arriveroit de-là que l'autorité des miracles n'étant fondée que sur l'ignorance de ceux pour qui ils auroient été faits, ce qui seroit miraculeux pour un siécle ou pour un peuple ne le seroit plus pour d'autres; de sorte que la preuve universelle étant

en

Or je le demande, à quoi bon tout cela pour un miracle? La nature dispute-t-elle avec son maître? A-t-il besoin d'effort, d'obstination, pour se faire obéir? A-t-il besoin de salive, de terre, d'ingrédiens? A-t-il même besoin de parler, & ne suffit-il pas qu'il veuille? Ou bien osera-t-on dire que Jésus, sûr de son fait, ne laisse pas d'user d'un petit manege de charlatan, comme pour se faire valoir davantage, & amuser les spectateurs? Dans le systême de vos Messieurs, il faut pourtant l'un ou l'autre. Choisissez.

en défaut, le syftême établi fur elle feroit détruit. Non, donnez-moi des miracles qui demeurent tels quoi qu'il arrive, dans tous les tems & dans tous les lieux. Si plufieurs de ceux qui font rapportés dans la Bible paroiffent être dans ce cas, d'autres auffi paroiffent n'y pas être. Répond-moi donc, Théologien, prétends-tu que je paffe le tout en bloc, ou fi tu me permets le triage ? Quand tu m'auras décidé ce point, nous verrons après.

Remarquez bien, Monfieur, qu'en fuppofant tout au plus quelque amplification dans les circonftances, je n'établis aucun doute fur le fond de tous les faits. C'eft ce que j'ai déja dit, & qu'il n'eft pas fuperflu de redire. Jéfus, éclairé de l'efprit de Dieu, avoit des lumieres fi fupérieures à celles de fes difciples, qu'il n'eft pas étonnant qu'il ait opéré des multitudes de chofes extraordinaires où l'ignorance des spectateurs a vu le prodige qui n'y étoit pas. A quel point, en vertu de ces lumieres pouvoit-il agir par des voyes naturelles, inconnues à eux & à nous (*o*) ? Voila ce que nous ne savons point & ce que nous ne pouvons savoir. Les spectateurs des choses merveilleuses sont naturellement portés à les décrire avec exagération. Là-dessus on peut de très bonne-foi s'abuser soi-même en abusant les autres: pour peu qu'un fait soit au dessus de nos lumieres nous le supposons au dessus de la raison,

---

(*o*) Nos hommes de Dieu veulent à toute force que j'aye fait de Jésus un Imposteur. Ils s'échauffent pour répondre à cette indigne accusation, afin qu'on pense que je l'ai faite; ils la supposent avec un air de certitude; ils y insistent, ils y reviennent affectueusement. Ah si ces doux Chrétiens pouvoient m'arracher à la fin quelque blasphême, quel triomphe ! quel contentement, quelle édification pour leurs charitables ames ! Avec quelle sainte joye ils apporteroient les tisons allumés au feu de leur zele, pour embraser mon bucher !

& l'esprit voit enfin du prodige où le cœur nous fait désirer fortement d'en voir.

Les miracles sont, comme j'ai dit, les preuves des simples, pour qui les Loix de la nature forment un cercle très étroit autour d'eux. Mais la sphere s'étend à mesure que les hommes s'instruisent & qu'ils sentent combien il leur reste encore à savoir. Le grand Physicien voit si loin les bornes de cette sphere qu'il ne sauroit discerner un miracle au-delà. *Cela ne se peut* est un mot qui sort rarement de la bouche des sages; ils disent plus fréquemment, *je ne sais*.

Que devons-nous donc penser de tant de miracles rapportés par des Auteurs, véridiques, je n'en doute pas, mais d'une si crasse ignorance, & si pleins d'ardeur pour la gloire de leur maître ? Faut-il rejetter tous ces faits ? Non. Faut-il tous les admettre ? Je l'ignore (*p*). Nous devons les respecter sans prononcer sur leur nature, dussions-nous être

---

(*p*) Il y en a dans l'Evangile qu'il n'est pas même possible de prendre au pied de la Lettre sans renoncer au bon sens. Tels sont, par exemple, ceux des possédés. On reconnoit le Diable à son œuvre, & les vrais possédés sont les méchans; la raison n'en reconnoitra jamais d'autres. Mais passons : voici plus.

Jésus demande à un grouppe de Démons comment il s'appelle. Quoi ! Les Démons ont des noms ? Les Anges ont des noms ? Les purs Esprits on des noms ? Sans doute pour s'entre appeller entre eux, ou pour entendre quand Dieu les appelle ? Mais qui leur a donné ces noms ? En quelle langue en sont les mots ? Quelles sont les bouches qui prononcent ces mots, les oreilles que leurs sons frappent ? Ce nom c'est *Légion*, car ils sont plusieurs, ce qu'apparamment Jésus ne savoit pas. Ces Anges, ces Intelligences sublimes dans le mal comme dans le bien, ces Etres Célestes qui ont pu se révolter contre Dieu, qui osent combattre ses Décrets éternels, se logent en tas dans le corps d'un homme: forcés d'abandonner ce malheureux, ils demandent de se jetter dans un troupeau de cochons, ils l'obtiennent; ces cochons se précipitent dans la mer; & ce sont là les augustes preuves de la mission du Rédempteur du genre humain, les

cent fois décretés. Car enfin l'autorité des loix ne peut s'étendre jusqu'à nous forcer de mal raisonner; & c'est pourtant ce qu'il faut faire pour trouver nécessairement un miracle où la raison ne peut voir qu'un fait étonnant.

Quand il feroit vrai que les Catholiques ont un moyen sûr pour eux de faire cette distinction, que s'ensuivroit-il pour nous ? Dans leur système, lorsque l'Eglise une fois reconnue a décidé qu'un tel fait est un miracle, il est un miracle; car l'Eglise ne peut se tromper. Mais ce n'est pas aux Catholiques que j'ai à faire ici, c'est aux Réformés. Ceux ci ont très bien réfuté quelques parties de la profession de foi

---

preuves qui doivent l'attester à tous les peuples de tous les âges, & dont nul ne sauroit douter, sous peine de damnation! Juste Dieu! La tête tourne; on ne sait où l'on est. Ce sont donc là, Messieurs, les fondemens de votre foi ? La mienne en a de plus sûrs, ce me semble.

du Vicaire qui, n'étant écrite que contre l'Eglise Romaine, ne pouvoit ni ne devoit rien prouver contre eux. Les Catholiques pourront de même réfuter aifément ces Lettres, parce que je n'ai point à faire ici aux Catholiques, & que nos principes ne font pas les leurs. Quand il s'agit de montrer que je ne prouve pas ce que je n'ai pas voulu prouver, c'eft là que mes adverfaires triomphent.

De tout ce que je viens d'expofer je concluds que les faits les plus atteftés, quand même on les admettroit dans toutes leurs circonftances, ne prouveroient rien, & qu'on peut même y foupçonner de l'exagération dans les circonftances, fans inculper la bonne foi de ceux qui les ont rapportés. Les découvertes continuelles qui fe font dans les loix de la nature, celles qui probablement fe feront encore, celles qui refteront toujours à faire; les progrès passés présens & futurs de l'industrie humaine ; les diverses bornes que donnent les peuples à l'ordre des possibles selon qu'ils sont plus ou moins éclairés ; tout nous prouve que nous ne pouvons connoître ces bornes. Cependant il faut qu'un miracle pour être vraiment tel les passe. Soit donc qu'il y ait des miracles, soit qu'il n'y en ait pas ; il est impossible au sage de s'assurer que quelque fait que ce puisse être en est un.

Indépendamment des preuves de cette impossibilité que je viens d'établir, j'en vois une autre non moins forte dans la supposition même : car, accordons qu'il y ait de vrais miracles, de quoi nous serviront-ils s'il y a aussi de faux miracles desquels il est impossible de les discerner ? Et faites bien attention que je n'appelle pas ici faux miracle un miracle qui n'est pas réel, mais un acte bien réellement surnaturel fait pour soutenir une fausse doctrine. Comme le mot de *miracle* en ce sens peut blesser les oreilles pieuses, employons un autre mot & donnons-lui le nom de *prestige*: mais souvenons-nous qu'il est impossible aux sens humains de discerner un prestige d'un miracle.

La même autorité qui atteste les miracles atteste aussi les prestiges, & cette autorité prouve encore que l'apparence des prestiges ne differe en rien de celle des miracles. Comment donc distinguer les uns des autres, & que peut prouver le miracle, si celui qui le voit ne peut discerner par aucune marque assurée & tirée de la chose même si c'est l'œuvre de Dieu ou si c'est l'œuvre du Démon? Il faudroit un second miracle pour certifier le premier.

Quand Aaron jetta sa verge devant Pharaon & qu'elle fut changée en serpent, les magiciens jetterent aussi leurs verges & elles furent changées en serpens. Soit que ce changement fut réel des deux côtés, comme il est dit dans l'Ecriture; soit qu'il n'y eut de réel que le miracle d'Aaron & que le prestige des magiciens ne fut qu'apparent, comme le disent quelques Théologiens, il n'importe; cette apparence étoit exactement la même; l'Exode n'y remarque aucune différence, & s'il y en eut eu, les magiciens se seroient gardés de s'exposer au parallele, ou s'ils l'avoient fait ils auroient été confondus.

Or les hommes ne peuvent juger des miracles que par leurs sens, & si la sensation est la même, la différence réelle qu'ils ne peuvent appercevoir n'est rien pour eux. Ainsi le signe, comme signe, ne prouve pas plus d'un côté que de l'autre, & le Prophête en ceci n'a pas plus d'avantage que le Magicien. Si c'est encore là de mon beau stile, convenez qu'il en faut un bien plus beau pour le réfuter.

Il est vrai que le serpent d'Aaron dévora les serpens des Magiciens. Mais, forcé d'admettre une fois la Magie, Pharaon put fort bien n'en conclure autre chose, sinon qu'Aaron étoit plus habile qu'eux dans cet art ; c'est ainsi que Simon ravi des choses que faisoit Philippe, voulut acheter des Apôtres le secret d'en faire autant qu'eux.

D'ailleurs l'infériorité des Magiciens étoit due à la présence d'Aaron. Mais Aaron absent, eux faisant les mêmes signes, avoient droit de prétendre à la même autorité. Le signe en lui-même ne prouvoit donc rien.

Quand Moyse changea l'eau en sang, les Magiciens changerent l'eau en sang ; quand Moyse produisit des grenouilles, les Magiciens produisirent des grenouilles. Ils échouerent à la troisieme playe ; mais tenons-nous aux deux premieres dont Dieu même avoit fait la preuve du pouvoir Divin (*q*). Les Magiciens firent aussi cette preuve-là.

Quant à la troisieme playe qu'ils ne purent imiter, on ne voit pas ce qui la rendoit si difficile, au point de marquer *que le doigt de Dieu étoit-là.* Pourquoi ceux qui purent produire un animal ne purent-ils produire un insecte, & comment, après avoir fait des grenouilles, ne purent-ils faire des poux? S'il est vrai qu'il n'y ait dans ces choses-là que le premier pas qui coûte, c'étoit assurément s'arrêter en beau chemin.

Le même Moyse, instruit par toutes ces expériences, ordonne que si un faux Prophête vient annoncer d'autres Dieux, c'est-à-dire, une fausse doctrine, & que ce faux Prophête

---

(*q*) Exode VII. 17.

autorife fon dire par des prédictions ou des prodiges qui réuffiffent, il ne faut point l'écouter mais le mettre à mort. On peut donc employer de vrais fignes en faveur d'une fauffe doctrine ; un figne en lui-même ne prouve donc rien.

La même doctrine des fignes par des preftiges eft établie en mille endroits de l'Ecriture. Bien plus ; après avoir déclaré qu'il ne fera point de fignes, Jéfus annonce de faux Chrifts qui en feront ; il dit qu'*ils feront de grands signes, des miracles capables de séduire les élus mêmes, s'il étoit possible* (*r*). Ne feroit-on pas tenté fur ce langage de prendre les fignes pour des preuves de fauffeté ?

Quoi ! Dieu, maître du choix de fes preuves quand il veut parler aux hommes, choifit

---

(*r*) Matth. XXIV. 24. Marc. XIII. 22.

par préférence celles qui fuppofent des connoiffances qu'il fait qu'ils n'ont pas! Il prend pour les inftruire la même voye qu'il fait que prendra le Démon pour les tromper! Cette marche feroit-elle donc celle de la divinité? Se pourroit-il que Dieu & le Diable fuiviffent la même route? Voila ce que je ne puis concevoir.

Nos Théologiens, meilleurs raifonneurs mais de moins bonne foi que les anciens, font fort embarraffés de cette magie : ils voudroient bien pouvoir tout à fait s'en délivrer, mais ils n'ofent; ils fentent que la nier feroit nier trop. Ces gens toujours fi décififs changent ici de langage; ils ne la nient ni de l'admettent; ils prennent le parti de tergiverfer, de chercher des faux-fuyans, à chaque pas ils s'arrêtent; ils ne favent fur quel pied danfer.

Je crois, Monsieur, vous avoir fait sentir où git la difficulté. Pour que rien ne manque à sa clarté, la voici mise en dilemme.

Si l'on nie les prestiges, on ne peut prouver les miracles; parce que les uns & les autres sont fondés sur la même autorité.

Et si l'on admet les prestiges avec les miracles, on n'a point de regle fûre précise & claire pour distinguer les uns des autres : ainsi les miracles ne prouvent rien.

Je sais bien que nos gens ainsi pressés reviennent à la doctrine : mais ils oublient bonnement que si la doctrine est établie, le miracle est superflu, & que si elle ne l'est pas, elle ne peut rien prouver.

Ne prenez pas ici le change, je vous supplie, & de ce que je n'ai pas regardé les miracles comme essenciels au Christianisme, n'allez pas conclure que j'ai rejetté les miracles.

Non, Monsieur, je ne les ai rejettés ni ne les rejette; si j'ai dit des raisons pour en douter, je n'ai point dissimulé les raisons d'y croire; il y a une grande différence entre nier une chose & ne la pas affirmer, entre la rejetter & ne pas l'admettre, & j'ai si peu décidé ce point, que je défie qu'on trouve un seul endroit dans tous mes écrits où je sois affirmatif contre les miracles.

Eh! comment l'aurois-je été malgré mes propres doutes, puisque partout où je suis quant à moi, le plus décidé, je n'affirme rien encore. Voyez quelles affirmations peut faire un homme qui parle ainsi dès sa Préface (s).

„ A l'égard de ce qu'on appellera la partie
„ systématique, qui n'est autre chose ici que
„ la marche de la nature, c'est là ce qui dé-

(s) Préface d'Emile. p. IV.

,, routera le plus les lecteurs; c'est aussi par là
,, qu'on m'attaquera sans doute, & peut-être
,, n'aura-t-on pas tort. On croira moins lire un
,, Traité d'éducation que les rêveries d'un vi-
,, sionnaire sur l'éducation. Qu'y faire? Ce n'est
,, pas sur les idées d'autrui que j'écris, c'est
,, sur les miennes. Je ne vois point comme
,, les autres hommes; il y a longtems qu'on
,, me l'a reproché. Mais dépend-il de moi
,, de me donner d'autres yeux, & de m'affec-
,, ter d'autres idées? Non; il dépend de moi de
,, ne point abonder dans mon sens, de ne point
,, croire être seul plus sage que tout le mon-
,, de; il dépend de moi, non de changer de
,, sentiment, mais de me défier du mien: Voi-
,, la tout ce que je puis faire, & ce que je
,, fais. Que si je prends quelquefois le ton af-
,, firmatif, ce n'est point pour en imposer au
,, lecteur; c'est pour lui parler comme je pense.

„ se. Pourquoi proposerois-je par forme de „ doute ce dont quant à moi je ne doute „ point ? Je dis exactement ce qui se passe „ dans mon esprit.

„ En exposant avec liberté mon sentiment, „ j'entends si peu qu'il fasse autorité, que j'y „ joins toujours mes raisons, afin qu'on les pe- „ se & qu'on me juge. Mais quoique je ne „ veuille point m'obstiner à défendre mes i- „ dées, je ne me crois pas moins obligé de les „ proposer ; car les maximes sur lesquelles je „ suis d'un avis contraire à celui des autres ne „ sont point indifférentes. Ce sont de celles „ dont la vérité ou la fausseté importe à con- „ noître, & qui font le bonheur ou le mal- „ heur du genre humain."

Un Auteur qui ne sait lui-même s'il n'est point dans l'erreur, qui craint que tout ce qu'il dit ne soit un tissu de rêveries, qui, ne pouvant changer de sentimens, se défie du sien, qui ne prend point le ton affirmatif pour le donner, mais pour parler comme il pense, qui, ne voulant point faire autorité, dit toujours ses raisons afin qu'on le juge, & qui même ne veut point s'obstiner à défendre ses idées; un Auteur qui parle ainsi à la tête de son Livre y veut-il prononcer des oracles ? veut-il donner des décisions, & par cette déclaration préliminaire ne met-il pas au nombre des doutes ses plus fortes assertions ?

Et qu'on ne dise point que je manque à mes engagemens en m'obstinant à défendre ici mes idées. Ce seroit le comble de l'injustice. Ce ne sont point mes idées que je défends, c'est ma personne. Si l'on n'eût attaqué que mes Livres, j'aurois constamment gardé le silence; c'étoit un point résolu. Depuis ma déclaration faite en 1753, m'a-t-on vu répondre à quelqu'un, où me taifois-je faute d'aggreffeurs ? Mais quand on me pourfuit, quand on me décrete, quand on me deshonore pour avoir dit ce que je n'ai pas dit, il faut bien pour me défendre montrer que je ne l'ai pas dit. Ce font mes ennemis qui malgré moi me remettent la plume à la main. Eh ! qu'ils me laiffent en repos, & j'y laifferai le public ; j'en donne de bon cœur ma parole.

Ceci fert déja de réponfe à l'objection rétorfive que j'ai prévenue, de vouloir faire moi-même le réformateur en bravant les opinions de tout mon fiecle ; car rien n'a moins l'air de bravade qu'un pareil langage ; & ce n'eft pas affurément prendre un ton de Prophête que de parler avec tant de circonfpection. J'ai regardé comme un devoir de dire mon fentiment en chofes importantes & utiles ; mais ai-je dit un mot, ai-je fait un pas pour le faire adopter à d'autres ; quelqu'un a-t-il vu dans ma conduite l'air d'un homme qui cherchoit à se faire des sectateurs ?

En transcrivant l'Ecrit particulier qui fait tant d'imprévus zélateurs de la foi, j'avertis encore le lecteur qu'il doit se défier de mes jugemens, que c'est à lui de voir s'il peut tirer de cet Ecrit quelques réflexions utiles, que je ne lui propose ni le sentiment d'autrui ni le mien pour regle, que je le lui présente à examiner (*t*).

Et lorsque je reprends la parole voici ce que j'ajoute encore à la fin.

„ J'ai transcrit cet Ecrit, non comme une
„ régle des sentimens qu'on doit suivre en ma-
„ tiere de Religion, mais comme un exemple
„ de la maniere dont on peut raisonner avec

(*t*). Emile. T. II. p. 360.

„ fon éleve pour ne point s'écarter de la mé
„ thode que j'ai tâché d'établir. Tant qu'on
„ ne donne rien à l'autorité des hommes ni
„ aux préjugés des pays où l'on eft né, les
„ feules lumieres de la raifon ne peuvent dans
„ l'inftitution de la Nature nous mener plus
„ loin que la Religion naturelle, & c'eft à
„ quoi je me borne avec mon Emile. S'il en
„ doit avoir une autre, je n'ai plus en cela le
„ droit d'être fon guide; c'eft à lui feul de
„ la choifir. (v) "

Quel eft après cela l'homme affez impudent pour m'ofer taxer d'avoir nié les miracles qui ne font pas même niés dans cet Ecrit? Je n'en ai pas parlé ailleurs (x).

(v) Ibid. T. III. p. 204.
(x) J'en ai parlé depuis dans ma lettre à M. de Beaumont: mais outre qu'on n'a rien dit fur cette lettre, ce n'eft pas fur ce qu'elle contient qu'on peut fonder les procédures faites avant qu'elle ait paru.

Quoi! parce que l'Auteur d'un Ecrit publié par un autre y introduit un raisonneur qu'il désaprouve (y), & qui dans une dispute rejette les miracles, il s'ensuit delà que non seulement l'Auteur de cet Ecrit mais l'Editeur rejette aussi les miracles? Quel tissu de témérités! Qu'on se permette de telles présomptions dans la chaleur d'une querelle litteraire, cela est très blamable & trop commun ; mais les prendre pour des preuves dans les Tribunaux! Voila une jurisprudence à faire trembler l'homme le plus juste & le plus ferme qui a le malheur de vivre sous de pareils magistrats.

L'Auteur de la profession de foi fait des objections tant sur l'utilité que sur la réalité des miracles, mais ces objections ne sont point des négations. Voici là dessus ce qu'il dit de plus

---

(y) Emile. T. III. p. 151.

fort. „ C'est l'ordre inaltérable de la nature qui
„ montre le mieux l'Etre suprême. S'il arrivoit
„ beaucoup d'exceptions, je ne saurois plus
„ qu'en penser, & pour moi je crois trop en
„ Dieu pour croire à tant de miracles si peu
„ dignes de lui. "

Or je vous prie, qu'est-ce que cela dit ?
Qu'une trop grande multitude de miracles les
rendroit suspects à l'Auteur. Qu'il n'admet
point indistinctement toute sorte de miracles,
& que sa foi en Dieu lui fait rejetter tous
ceux qui ne sont pas dignes de Dieu. Quoi
donc ? Celui qui n'admet pas tous les miracles rejette-t-il tous les miracles, & faut-il
croire à tous ceux de la Legende pour croire
l'ascension de Christ ?

Pour comble. Loin que les doutes contenus
dans cette seconde partie de la profession de
foi puissent être pris pour des négations, les

négations, au contraire, qu'elle peut contenir, ne doivent être prises que pour des doutes. C'est la déclaration de l'Auteur, en la commençant, sur les sentimens qu'il va combattre. *Ne donnez, dit-il, à mes discours que l'autorité de la raison. J'ignore si je suis dans l'erreur. Il est difficile, quand on discute de ne pas prendre quelquefois le ton affirmatif ; mais souvenez-vous qu'ici toutes mes affirmations ne sont que des raisons de douter* (z). Peut-on parler plus positivement ?

Quant à moi, je vois des faits attestés dans les saintes Ecritures ; cela suffit pour arrêter sur ce point mon jugement. S'ils étoient ailleurs, je rejetterois ces faits ou je leur ôterois le nom de miracles ; mais parce qu'ils sont dans l'Ecriture je ne les rejette point. Je ne

---

(z) Emile T. III. p. 131.

les admets pas, non plus, parce que ma raison s'y refuse, & que ma décision sur cet article n'intéresse point mon salut. Nul Chrétien judicieux ne peut croire que tout soit inspiré dans la Bible, jusqu'aux mots & aux erreurs. Ce qu'on doit croire inspiré est tout ce qui tient à nos devoirs ; car pourquoi Dieu auroit-il inspiré le reste ? Or la doctrine des miracles n'y tient nullement ; c'est ce que je viens de prouver. Ainsi le sentiment qu'on peut avoir en cela n'a nul trait au respect qu'on doit aux Livres sacrés.

D'ailleurs, il est impossible aux hommes de s'assurer que quelque fait que ce puisse être est un miracle (*aa*) ; c'est encore ce que j'ai prou-

---

(*aa*) Si ces Messieurs disent que cela est décidé dans l'Ecriture, & que je dois reconnoitre pour miracle ce qu'elle me donne pour tel ; je réponds que c'est ce qui est en question, & j'ajoute que ce raisonnement de leur part est un cercle vicieux. Car

vé. Donc en admettant tous les faits contenus dans la Bible, on peut rejetter les miracles fans impiété, & même fans inconféquence. Je n'ai pas été jufques là.

Voila comment vos Meffieurs tirent des miracles, qui ne font pas certains, qui ne font pas néceffaires, qui ne prouvent rien, & que je n'ai pas rejettés, la preuve évidente que je renverfe les fondemens du Chriftianifme, & que je ne fuis pas Chrétien.

L'ennui vous empêcheroit de me fuivre fi j'entrois dans le même détail fur les autres accufations qu'ils entaffent, pour tâcher de couvrir par le nombre l'injuftice de chacune en particulier. Ils m'accufent par exemple de rejetter la priere. Voyez le Livre, & vous trou-

---

puifqu'ils veulent que le miracle ferve de preuve à la Révélation, ils ne doivent pas employer l'autorité de la Révélation pour conftater le miracle.

verez une priere dans l'endroit même dont il s'agit. L'homme pieux qui parle (*bb*) ne croit pas, il est vrai, qu'il soit absolument nécessaire de demander à Dieu telle ou telle chose en particulier (*cc*). Il ne desapouve point qu'on

---

(*bb*) Un Ministre de Genève, difficile assurément en Christianisme dans les jugemens qu'il porte du mien, affirme que j'ai dit, moi J. J. Rousseau, que je ne priois pas Dieu: Il l'assure en tout autant de termes, cinq ou six fois de suite, & toujours en me nommant. Je veux porter respect à l'Eglise, mais oserois-je lui demander où j'ai dit cela? Il est permis à tout barbouilleur de papier de déraisonner & bavarder tant qu'il veut; mais il n'est pas permis à un bon Chrétien d'être un calomniateur public.

(*cc*) *Quand vous prierez* dit Jésus, *priez ainsi*. Quand on prie avec des paroles, c'est bien fait de préférer celles-là; mais je ne vois point ici l'ordre de prier avec des paroles. Une autre priere est préférable; c'est d'être disposé à tout ce que Dieu veut. *Me voici, Seigneur, pour faire ta volonté.* De toutes les formules, l'Oraison dominicale est, sans contredit, la plus parfaite; mais ce qui est plus parfait encore est l'entiere résignation aux volontés de Dieu. *Non point ce que je veux, mais ce que tu veux.* Que dis-je? C'est l'Oraison dominicale elle même. Elle

le fasse ; quant à moi, dit-il, je ne le fais pas, persuadé que Dieu est un bon pere qui sait mieux que ses enfans ce qui leur convient. Mais ne peut-on lui rendre aucun autre culte aussi digne de lui ? Les hommages d'un cœur plein de zele, les adorations, les louanges, la contemplation de sa grandeur, l'aveu de notre néant, la résignation à sa volonté, la soumission à ses loix, une vie pure & sainte, tout cela ne vaut-il pas bien des vœux intéressés & mercenaires ? Près d'un Dieu juste la meilleure maniere de demander est de mériter d'obtenir. Les Anges qui le louent autour de

---

est toute entiere dans ces paroles ; *Que ta volonté soit faite*. Toute autre priere est superflue & ne fait que contrarier celle-là. Que celui qui pense ainsi se trompe, cela peut être. Mais celui qui publiquement l'accuse à cause de cela de détruire la morale Chrétienne & de n'être pas Chrétien, est-il un fort bon Chrétien lui-même ?

son Trône le prient-ils ? Qu'auroient-ils à lui demander ? Ce mot de *priere* est souvent employé dans l'Ecriture pour *hommage*, *adoration*, & qui fait le plus est quite du moins. Pour moi, je ne rejette aucune des manieres d'honorer Dieu ; j'ai toujours approuvé qu'on se joignît à l'Eglise qui le prie ; je le fais ; le Prêtre Savoyard le faisoit lui-même (*dd*). L'Ecrit si violemment attaqué est plein de tout cela. N'importe : je rejette, dit-on, la priere ; je suis un impie à brûler. Me voila jugé.

Ils disent encore que j'accuse la morale Chrétienne de rendre tous nos devoirs impraticables en les outrant. La morale Chrétienne est celle de l'Evangile ; je n'en reconnois point d'autre, & c'est en ce sens aussi que l'entend mon accusateur, puisque c'est des

---

(*dd*) Emile T. III. p. 185.

imputations où celle-là se trouve comprise qu'il conclud, quelques lignes après, que c'est par dérision que j'appelle l'Evangile divin (*ee*).

Or voyez si l'on peut avancer une fausseté plus noire & montrer une mauvaise foi plus marquée, puisque dans le passage de mon Livre où ceci se rapporte, il n'est pas même possible que j'aye voulu parler de l'Evangile.

Voici, Monsieur, ce passage: il est dans le quatrieme Tome d'Emile, page 64. ,, En n'as-
,, servissant les honnêtes femmes qu'à de tris-
,, tes devoirs, on a banni du mariage tout ce
,, qui pouvoit le rendre agréable aux hom-
,, mes. Faut-il s'étonner si la taciturnité qu'ils
,, voyent régner chez eux les en chasse, ou
,, s'ils sont peu tentés d'embrasser un état si
,, déplaisant. A force d'outrer tous les de-

(*ee*) Lettres écrites de la Campagne p. 11.

„ voirs, le Christianisme les rend impratica-
„ bles & vains: à force d'interdire aux fem-
„ mes le chant, la danse & tous les amusemens
„ du monde, il les rend maussades, grondeu-
„ ses, insupportables dans leurs maisons. "

Mais où est-ce que l'Evangile interdit aux femmes le chant & la danse? où est-ce qu'il les asservit à de tristes devoirs? Tout au contraire il y est parlé des devoirs des maris, mais il n'y est pas dit un mot de ceux des femmes. Donc on a tort de me faire dire de l'Evangile ce que je n'ai dit que des Jansenistes, des Méthodistes, & d'autres dévots d'aujourd'hui, qui font du Christianisme une Religion aussi terrible & déplaisante, (*ff*) qu'elle est agréable

---

(*ff*) Les premiers Réformés donnerent d'abord dans cet excès avec une dureté qui fit bien des hypocrites, & les premiers Jansenistes ne manquerent pas de les imiter en cela. Un prédicateur de Genève, appellé Henri de la Marre, soutenoit en

& douce sous la véritable loi de Jésus-Christ.

Je ne voudrois pas prendre le ton du Pere Berruyer, que je n'aime guere, & que je trouve même de très mauvais goût; mais je ne puis m'empêcher de dire qu'une des choses qui me charment dans le caractere de Jésus, n'est pas seulement la douceur des mœurs, la simplicité, mais la facilité la grace & même l'élégance. Il ne fuyoit ni les plaisirs ni les fêtes, il alloit aux noces, il voyoit les femmes, il jouoit avec les enfans, il aimoit les par-

---

chaire que c'étoit pécher que d'aller à la noce plus joyeusement que Jésus-Christ n'étoit allé à la mort. Un curé Janseniste soutenoit de même que les festins des noces étoient une invention du Diable. Quelqu'un lui objecta là-dessus que Jésus-Christ y avoit pourtant assisté, & qu'il avoit même daigné y faire son premier miracle pour prolonger la gaité du festin. Le Curé, un peu embarrassé, répondit en grondant : *Ce n'est pas ce qu'il fit de mieux.*

parfums, il mangeoit chez les financiers. Ses disciples ne jeunoient point ; son austérité n'étoit point facheuse. Il étoit à la fois indulgent & juste, doux aux foibles & terrible aux méchans. Sa morale avoit quelque chose d'attrayant, de caressant, de tendre ; il avoit le cœur sensible, il étoit homme de bonne société. Quand il n'eut pas été le plus sage des mortels, il en eut été le plus aimable.

Certains passages de Saint Paul outrés ou mal entendus ont fait bien des fanatiques, & ces fanatiques ont souvent défiguré & deshonoré le Christianisme. Si l'on s'en fut tenu à l'esprit du Maître, cela ne seroit pas arrivé. Qu'on m'accuse de n'être pas toujours de l'avis de Saint Paul, on peut me réduire à prouver que j'ai quelquefois raison de n'en pas être. Mais il ne s'ensuivra jamais de-là que ce soit par dérision que je trouve l'Evangile divin.

Partie I. M

Voila pourtant comment raisonnent mes persécuteurs.

Pardon, Monsieur; je vous excede avec ces longs détails; je le sens & je les termine; je n'en ai déja que trop dit pour ma défense, & je m'ennuye moi-même de répondre toujours par des raisons à des accusations sans raison.

QUATRIEME LETTRE.

Je vous ai fait voir, Monsieur, que les imputations tirées de mes Livres en preuve que j'attaquois la Religion établie par les loix étoient fausses. C'est, cependant, sur ces imputations que j'ai été jugé coupable, & traité comme tel. Supposons maintenant que je le fusse en effet, & voyons en cet état la punition qui m'étoit due.

Ainsi que la vertu le vice a ses degrés.

Pour être coupable d'un crime on ne l'est pas de tous. La justice consiste à mesurer exactement la peine à la faute, & l'extrême justice elle-même est une injure, lorsqu'elle n'a nul égard aux considérations raisonnables qui doivent tempérer la rigueur de la loi.

Le délit supposé réel, il nous reste à chercher quelle eſt ſa nature & quelle procédure eſt preſcritte en pareil cas par vos loix.

Si j'ai violé mon ſerment de Bourgeois, comme on m'en accuſe, j'ai commis un crime d'Etat, & la connoiſſance de ce crime appartient directement au Conſeil; cela eſt inconteſtable.

Mais ſi tout mon crime conſiſte en erreur ſur la doctrine, cette erreur fut-elle même une impiété; c'eſt autre choſe. Selon vos Edits il appartient à un autre Tribunal d'en connoître en premier reſſort.

Et quand même mon crime ſeroit un crime d'Etat, ſi pour le déclarer tel il faut préalablement une déciſion ſur la doctrine, ce n'eſt pas au Conſeil de la donner. C'eſt bien à lui de punir le crime, mais non pas de le conſtater. Cela eſt formel par vos Edits, comme nous verrons ci-après.

Il s'agit d'abord de savoir si j'ai violé mon serment de Bourgeois, c'est-à-dire, le serment qu'ont prêté mes ancêtres, quand ils ont été admis à la Bourgeoisie : car pour moi, n'ayant pas habité la Ville & n'ayant fait aucune fonction de Citoyen, je n'en ai point prêté le serment : mais passons.

Dans la formule de ce serment, il n'y a que deux articles qui puissent regarder mon délit. On promet par le premier, *de vivre selon la Réformation du St. Evangile;* & par le dernier, *de ne faire ne souffrir aucunes pratiques machinations ou entreprises contre la Réformation du St. Evangile.*

Or loin d'enfreindre le premier article, je m'y suis conformé avec une fidélité & même une hardiesse qui ont peu d'exemples, professant hautement ma Religion chez les Catholiques, quoique j'eusse autrefois vécu dans la leur ; &

l'on ne peut alléguer cet écart de mon enfance comme une infraction au serment, surtout depuis ma réunion authentique à votre Eglife en 1754. & mon rétabliffement dans mes droits de Bourgeoifie, notoire à tout Genève, & dont j'ai d'ailleurs des preuves pofitives.

On ne fauroit dire, non plus, que j'aye enfreint ce premier article par les Livres condannés; puifque je n'ai point ceffé de m'y déclarer Proteftant. D'ailleurs, autre chofe eft la conduite, autre chofe font les Ecrits. Vivre felon la Réformation c'eft profeffer la Réformation, quoiqu'on fe puiffe écarter par erreur de fa doctrine dans de blamables Ecrits, ou commettre d'autres péchés qui offenfent Dieu, mais qui par le feul fait ne retranchent pas le délinquant de l'Eglife. Cette diftinction, quand on pourroit la difputer en général, eft ici dans le ferment même; puifqu'on y fépare en deux articles ce qui n'en pourroit faire qu'un, si la profeſſion de la Religion étoit incompatible avec toute entrepriſe contre la Religion. On y jure par le premier de vivre ſelon la Réformation, & l'on y jure par le dernier de ne rien entreprendre contre la Réformation. Ces deux articles ſont très diſtincts & même ſéparés par beaucoup d'autres. Dans le ſens du Légiſlateur ces deux choſes ſont donc ſéparables. Donc quand j'aurois violé ce dernier article, il ne s'enſuit pas que j'aye violé le premier.

Mais ai-je violé ce dernier article?

Voici comment l'Auteur des Lettres écrites de la Campagne établit l'affirmative, page 30.

„ Le ferment des Bourgeois leur impoſe l'o-
„ bligation de *ne faire ne ſouffrir être faites*
„ *aucunes pratiques machinations ou entrepriſes*
„ *contre la Sainte Réformation Evangélique.* Il

„ semble que c'est *un peu* (a) pratiquer & ma-
„ chiner contre elle que de chercher à prou-
„ ver dans deux Livres si séduisans que le pur
„ Evangile est absurde en lui-même & perni-
„ cieux à la société. Le Conseil étoit donc
„ obligé de jetter un regard sur celui que tant
„ de présomptions si véhémentes accusoient
„ de cette entreprise."

Voyez d'abord que ces Messieurs sont agréables! Il leur semble entrevoir de loin *un peu* de pratique & de machination. Sur ce petit semblant éloigné d'une petite manœuvre, ils jettent un regard sur celui qu'ils en présument l'Auteur; & ce regard est un décret de prise de corps.

(a) Cet *un peu*, si plaisant & si différent du ton grave & décent du reste des Lettres, ayant été retranché dans la seconde édition, je m'abstiens d'aller en quête de la griffe à qui ce petit bout, non d'oreille, mais d'ongle appartient.

Il est vrai que le même Auteur s'égaye à prouver ensuite que c'est par pure bonté pour moi qu'ils m'ont décrété. *Le Conseil, dit-il, pouvoit ajourner personnellement M. Rousseau, il pouvoit l'assigner pour être ouï; il pouvoit le décréter..... De ces trois partis le dernier étoit incomparablement le plus doux ...... ce n'étoit au fond qu'un avertissement de ne pas revenir, s'il ne vouloit pas s'exposer à une procédure, ou s'il vouloit s'y exposer de bien préparer ses défenses* (b).

Ainsi plaisantoit, dit Brantome, l'exécuteur de l'infortuné Dom Carlos Infant d'Espagne. Comme le Prince crioit & vouloit se débattre, *Paix, Monseigneur*, lui disoit-il en l'étranglant, *tout ce qu'on en fait n'est que pour votre bien.*

Mais quelles sont donc ces pratiques & ma-

(b) Page 31.

chinations dont on m'accuse ? *Pratiquer*, si j'entends ma langue, c'est se ménager des intelligences secrettes ; *machiner*, c'est faire de sourdes menées, c'est faire ce que certaines gens font contre le Christianisme & contre moi. Mais je ne conçois rien de moins secret, rien de moins caché dans le monde, que de publier un Livre & d'y mettre son nom. Quand j'ai dit mon sentiment sur quelque matiere que ce fut, je l'ai dit hautement, à la face du public, je me suis nommé, & puis je suis demeuré tranquille dans ma retraite : on me persuadera difficilement que cela ressemble à des pratiques & machinations.

Pour bien entendre l'esprit du serment & le sens des termes, il faut se transporter au tems où la formule en fut dressée & où il s'agissoit essenciellement pour l'Etat de ne pas retomber sous le double joug qu'on venoit de secouer.

Tous les jours on découvroit quelque nouvelle trame en faveur de la maison de Savoye ou des Evêques, sous prétexte de Religion. Voila sur quoi tombent clairement les mots de *pratiques* & de *machinations*, qui, depuis que la langue Françoise existe n'ont sûrement jamais été employés pour les sentimens généraux qu'un homme publie dans un Livre où il se nomme, sans projet sans objet sans vue particuliere, & sans trait à aucun Gouvernement. Cette accusation paroit si peu sérieuse à l'Auteur même qui l'ose faire, qu'il me reconnoit *fidelle aux devoirs du Citoyen* (*c*). Or comment pourrois-je l'être, si j'avois enfreint mon serment de Bourgeois?

Il n'est donc pas vrai que j'aye enfreint ce serment. J'ajoute que quand cela seroit vrai,

---

(*c*) Page 8.

rien ne seroit plus inouï dans Genève en choses de cette espéce, que la procédure faite contre moi. Il n'y a peut-être pas de Bourgeois qui n'enfreigne ce serment en quelque article (*d*), sans qu'on s'avise pour cela de lui chercher querelle, & bien moins de le décréter. On ne peut pas dire, non plus, que j'attaque la morale dans un Livre où j'établis de tout mon pouvoir la préférence du bien général sur le bien particulier & où je rapporte nos devoirs envers les hommes à nos devoirs envers Dieu ; seul principe sur lequel la morale puisse être fondée, pour être réelle & passer l'apparence. On ne peut pas dire que ce Livre tende en aucune sorte à troubler le culte établi ni l'ordre public, puisqu'au contraire j'y insiste sur

_____

(*d*) Par exemple, de ne point sortir de la Ville pour aller habiter ailleurs sans permission. Qui est-ce qui demande cette permission ?

le respect qu'on doit aux formes établies, sur l'obéissance aux loix en toute chose, même en matiere de Religion, & puisque c'est de cette obéissance prescritte qu'un Prêtre de Genève m'a le plus aigrement repris.

Ce délit si terrible & dont on fait tant de bruit se réduit donc, en l'admettant pour réel, à quelque erreur sur la foi qui, si elle n'est avantageuse à la société, lui est du moins très indifférente; le plus grand mal qui en résulte étant la tolérance pour les sentimens d'autrui, par conséquent la paix dans l'Etat & dans le monde sur les matieres de Religion.

Mais je vous demande, à vous, Monsieur, qui connoissez votre Gouvernement & vos loix, à qui il appartient de juger, & surtout en premiere instance, des erreurs sur la foi que peut commettre un particulier ? Est-ce au Conseil, est-ce au Consistoire ? Voila le nœud de la question.

Il falloit d'abord réduire le délit à son espèce. A présent qu'elle est connue, il faut comparer la procédure à la Loi.

Vos Edits ne fixent pas la peine due à celui qui erre en matiere de foi & qui publie son erreur. Mais par l'Article 88 de l'Ordonnance ecclésiastique, au Chapitre du Consistoire, ils reglent l'Ordre de la procédure contre celui qui dogmatise. Cet Article est couché en ces termes.

S'il y a quelqu'un qui dogmatise contre la doctrine reçue, qu'il soit appellé pour conférer avec lui: s'il se range, qu'on le supporte sans scandale ni diffame: s'il est opiniâtre, qu'on l'admoneste par quelques fois pour essayer à le réduire. Si on voit enfin qu'il soit besoin de plus grande sévérité, qu'on lui interdise la Sainte Céne, & qu'on en avertisse le Magistrat afin d'y pourvoir.

On voit par là. 1o. Que la premiere inquisition de cette espece de délit appartient au Consistoire.

2°. Que le Législateur n'entend point qu'un tel délit soit irrémissible, si celui qui l'a commis se repent & se range.

3°. Qu'il prescrit les voyes qu'on doit suivre pour ramener le coupable à son devoir.

4°. Que ces voyes sont pleines de douceur d'égards de commisération ; telles qu'il convient à des Chrétiens d'en user, à l'exemple de leur maître, dans les fautes qui ne troublent point la société civile & n'intéressent que la Religion.

5°. Qu'enfin la derniere & plus grande peine qu'il prescrit est tirée de la nature du délit, comme cela devroit toujours être, en privant le coupable de la Sainte Céne & de la communion de l'Eglise, qu'il a offensée, & qu'il veut continuer d'offenser.

Après tout cela le Confiftoire le dénonce au Magiftrat qui doit alors y pourvoir; parce que la Loi ne fouffrant dans l'Etat qu'une feule Religion, celui qui s'obftine à vouloir en profeffer & enfeigner une autre, doit être retranché de l'Etat.

On voit l'application de toutes les parties de cette Loi dans la forme de procédure fuivie en 1563 contre Jean Morelli.

Jean Morelli habitant de Genève avoit fait & publié un Livre dans lequel il attaquoit la difcipline eccléfiaftique & qui fut cenfuré au Synode d'Orléans. L'Auteur, fe plaignant beaucoup de cette cenfure & ayant été, pour ce même Livre appellé au Confiftoire de Genève, n'y voulut point comparoitre & s'enfuit; puis étant revenu avec la permiffion du Magiftrat pour fe réconcilier avec les Miniftres il ne tint compte de leur parler ni de fe

rendre

rendre au Consistoire, jusqu'à ce qu'y étant cité de nouveau il comparut enfin, & après de longues disputes, ayant refusé toute espece de satisfaction, il fut déféré & cité au Conseil, où, au lieu de comparoitre, il fit présenter par sa femme une excuse par écrit, & s'enfuit derechef de la Ville.

Il fut donc enfin procédé contre lui, c'est-à-dire, contre son Livre, & comme la sentence rendue en cette occasion est importànte, même quant aux termes, & peu connue, je vais vous la transcrire ici toute entiere; elle peut avoir son utilité.

„ (e) Nous Sindiques Juges des causes cri-
„ minelles de cette Cité, ayans entendu le
„ rapport du vénérable Consistoire de cet-

(e) Extrait des procédures faites & tenues contre Jean Morelli. Imprimé à Genève chez François Perrin. 1563 page 10.

,, te Eglife, des procédures tenues envers
,, Jean Morelli habitant de cette Cité: d'au-
,, tant que maintenant pour la feconde fois
,, il a abandonné cette Cité, & au lieu de
,, comparoître devant nous & nôtre Confeil,
,, quand il y étoit renvoyé, s'eft montré des-
,, obéiffant: à ces caufes & autres juftes à ce
,, nous mouvantes, feans pour Tribunal au
,, lieu de nos Ancêtres, felon nos anciennes
,, coutumes, après bonne participation de
,, Confeil avec nos Citoyens, ayans Dieu &
,, fes Saintes écritures devant nos yeux & in-
,, voqué fon Saint nom pour faire droit juge-
,, ment; difans. Au nom du Pere du Fils &
,, du Saint Efprit, Amen. Par cette nôtre déf-
,, finitive fentence, laquelle donnons ici par
,, écrit, avons avifé par meure délibération
,, de procéder plus outre, comme en cas de
,, contumace dudit Morelli: furtout afin d'a-

„ vertir tous ceux qu'il appartiendra, de se
„ donner garde du Livre, afin de n'y être
„ point abusés. Estant donc duement infor-
„ mez des resveries & erreurs lesquels y sont
„ contenus, & surtout que le dit Livre tend
„ à faire schismes & troubles dans l'Eglise
„ d'une façon séditieuse: l'avons condanné &
„ condannons comme un Livre nuisible &
„ pernicieux; & pour donner exemple, or-
„ donné & ordonnons que l'un d'iceux soit
„ présentement bruslé. Défendans à tous Li-
„ braires d'en tenir ni exposer en vente: & à
„ tous Citoyens Bourgeois & Habitans de
„ cette Ville de quelque qualité qu'ils soient,
„ d'en acheter ni avoir pour y lire: comman-
„ dans à tous ceux qui en auroient de nous
„ les apporter, & ceux qui sauroient où il y en
„ a, de le nous révéler dans vingt quatre heu-
„ res, sous peine d'être rigoureusement punis.

„ Et à vous noſtre Lieutenant commandons
„ que faciez mettre noſtre préſente ſentence à
„ due & entiere exécution."

Prononcée & exécutée le Jeudi ſeizieme jour de Septembre mil cinq cens ſoixante trois.

„ Ainſi ſigné P. Chenelat."

Vous trouverez, Monſieur, des obſervations de plus d'un genre à faire en tems & lieu ſur cette piece. Quant à préſent ne perdons pas notre objet de vue. Voila comment il fut procédé au jugement de Morelli, dont le Livre ne fut brûlé qu'à la fin du procès, ſans qu'il fut parlé de Bourreau ni de flétriſſure, & dont la perſonne ne fut jamais décrétée, quoiqu'il fut opiniâtre & contumax.

Au lieu de cela, chacun ſait comment le Conſeil a procédé contre moi dans l'inſtant que l'Ouvrage a paru, & ſans qu'il ait même été fait mention du Conſiſtoire. Recevoir le

Livre par la poste, le lire, l'examiner, le déférer, le brûler, me décréter, tout cela fut l'affaire de huit ou dix jours : on ne sauroit imaginer une procédure plus expéditive.

Je me suppose ici dans le cas de la loi, dans le seul cas où je puisse être punissable. Car autrement de quel droit puniroit-on des fautes qui n'attaquent personne & sur lesquelles les Loix n'ont rien prononcé ?

L'Edit a-t-il donc été observé dans cette affaire ? Vous autres Gens de bon sens vous imagineriez en l'examinant qu'il a été violé comme à plaisir dans toutes ses parties. „ Le „ Sr. Rousseau ", disent les Représentans, „ n'a point été appellé au Consistoire, mais le „ magnifique Conseil a d'abord procédé con- „ tre lui; il devoit être *supporté sans scandale*, „ mais ses Ecrits ont été traités par un juge- „ ment public, comme *téméraires*, *impies*,

„ *scandaleux*; il devoit être *supporté sans dif-*
„ *fame*; mais il a été flétri de la maniere la
„ plus diffamante, ses deux Livres ayant été
„ lacérés & brûlés par la main du Bourreau.
„ L'Edit n'a donc pas été observé " continuent-ils, „ tant à l'égard de la jurisdicton
„ qui appartient au Consistoire, que relative-
„ ment au Sr. Rousseau, qui devoit être ap-
„ pellé, supporté sans scandale ni diffame,
„ admonesté par quelques fois, & qui ne pou-
„ voit être jugé qu'en cas d'opiniâtreté ob-
„ stinée. "

Voila, sans doute, qui vous paroit plus clair que le jour, & à moi aussi. Hébien non; vous allez voir comment ces gens qui savent montrer le Soleil à minuit savent le cacher à midi.

L'adresse ordinaire aux sophistes est d'entasser force argumens pour en couvrir la fois blesse. Pour éviter des répétitions & gagner du tems, divisons ceux des Lettres écrites de la Campagne ; bornons nous aux plus essenciels, laissons ceux que j'ai ci-devant réfutés, & pour ne point altérer les autres rapportons les dans les termes de l'Auteur.

C'est d'après nos Loix, dit-il, *que je dois examiner ce qui s'est fait à l'égard de M. Rousseau.* Fort bien ; voyons.

Le premier Article du serment des Bourgeois les oblige à vivre selon la Réformation du Saint Evangile. Or, je le demande, est-ce vivre selon l'Evangile, que d'écrire contre l'Evangile ?

Premier sophisme. Pour voir clairement si c'est là mon cas, remettez dans la mineure de cet argument le mot *Réformation* que l'Auteur en ôte, & qui est nécessaire pour que son raisonnement soit concluant.

Second sophisme. Il ne s'agit pas dans cet

article du serment d'écrire selon la Réformation, mais de vivre selon la Réformation. Ces deux choses, comme on l'a vu ci-devant sont distinguées dans le serment même ; & l'on a vu encore s'il est vrai que j'aye écrit ni contre la Réformation ni contre l'Evangile.

Le premier devoir des Syndics & Conseil est de maintenir la pure Religion.

Troisieme sophisme. Leur devoir est bien de maintenir la pure Religion, mais non pas de prononcer sur ce qui n'est ou n'est pas la pure Religion. Le Souverain les a bien chargés de maintenir la pure Religion, mais il ne les a pas faits pour cela juges de la doctrine. C'est un autre corps qu'il a chargé de ce soin, & c'est ce corps qu'ils doivent consulter surtoutes les matieres de Religion, comme ils ont toujours fait depuis que votre Gouvernement existe. En cas de délit en ces matieres, deux Tribunaux sont établis, l'un pour le constater, & l'autre pour le punir; cela est évident par les termes de l'Ordonnance: nous y reviendrons ci-après.

Suivent les imputations ci-devant examinées, & que par cette raison je ne répéterai pas; mais je ne puis m'abstenir de transcrire ici l'article qui les termine: il est curieux.

Il est vrai que M. Rousseau & ses partisans prétendent que ces doutes n'attaquent point réellement le Christianisme, qu'à cela près il continue d'appeller divin. Mais si un Livre caractérisé, comme l'Evangile l'est dans les ouvrages de M. Rousseau, peut encore être appellé divin, qu'on me dise quel est donc le nouveau sens attaché à ce terme? En vérité si c'est une contradiction, elle est choquante; si c'est une plaisanterie, convenez qu'elle est bien déplacée dans un pareil sujet (f)?

(f) Page 11.

J'entends. Le culte spirituel, la pureté du cœur, les œuvres de miséricorde, la confiance, l'humilité, la résignation, la tolérance, l'oubli des injures, le pardon des ennemis, l'amour du prochain, la fraternité universelle & l'union du genre humain par la charité, sont autant d'inventions du diable. Seroit-ce là le sentiment de l'Auteur & de ses amis? On le diroit à leurs raisonnemens & surtout à leurs œuvres.

En vérité, si c'est une contradiction, elle est choquante. Si c'est une plaisanterie, convenez qu'elle est bien déplacée dans un pareil sujet.

Ajoutez que la plaisanterie sur un pareil sujet est si fort du goût de ces Messieurs, que, selon leurs propres maximes, elle eut dû, si je l'avois faite, me faire trouver grace devant eux (g).

Après l'exposition de mes crimes, écoutez

(g) Page 23.

les raisons pour lesquelles on a si cruellement renchéri sur la rigueur de la Loi dans la poursuite du criminel.

Ces deux Livres paroissent sous le nom d'un Citoyen de Genève. L'Europe en témoigne son scandale. Le premier Parlement d'un Royaume voisin poursuit Emile & son Auteur. Que fera le Gouvernement de Genève ?

Arrêtons un moment. Je crois appercevoir ici quelque mensonge.

Selon notre Auteur le scandale de l'Europe força le Conseil de Genève de sévir contre le Livre & l'Auteur d'Emile, à l'exemple du Parlement de Paris; mais au contraire, ce furent les décrets de ces deux Tribunaux qui causerent le scandale de l'Europe. Il y avoit peu de jours que le Livre étoit public à Paris lorsque le Parlement le condanna (*b*); il ne paroissoit

---

(*b*) C'étoit un arrangement pris avant que le Livre parut.

encore en nul autre Pays, pas même en Hollande, où il étoit imprimé ; & il n'y eut entre le décret du Parlement de Paris & celui du Conseil de Genève que neuf jours d'intervalle (*i*) ; le tems à peu près qu'il falloit pour avoir avis de ce qui se passoit à Paris. Le vacarme affreux qui fut fait en Suisse sur cette affaire, mon expulsion de chez mon ami, les tentatives faites à Neufchâtel & même à la Cour pour m'ôter mon dernier azile, tout cela vint de Genève & des environs, après le décret. On sait quels furent les instigateurs, on sait quels furent les émissaires, leur activité fut sans exemple ; il ne tint pas à eux qu'on ne m'ôtât le feu & l'eau dans l'Europe entiere, qu'il ne me restât pas une terre pour lit, pas

_____

(*i*) Le décret du Parlement fut donné le 9 Juin & celui du Conseil le 19.

une pierre pour chevet. Ne transposons donc point ainsi les choses, & ne donnons point pour motif du décret de Genève le scandale qui en fut l'effet.

Le premier Parlement d'un Royaume voisin poursuit Emile & son Auteur. Que fera le Gouvernement de Genève?

La réponse est simple. Il ne fera rien, il ne doit rien faire, ou plutôt, il doit ne rien faire. Il renverseroit tout ordre judiciaire, il braveroit le Parlement de Paris, il lui disputeroit la compétence en l'imitant. C'étoit précisément parce que j'étois décrété à Paris que je ne pouvois l'être à Genève. Le délit d'un criminel a certainement un lieu & un lieu unique; il ne peut pas plus être coupable à la fois du même délit en deux Etats, qu'il ne peut être en deux lieux dans le même tems, & s'il veut purger les deux décrets, comment voulez-vous qu'il se partage? En effet, avez-vous jamais ouï dire qu'on ait décrété le même homme en deux pays à la fois pour le même fait? C'en est ici le premier exemple, & probablement ce sera le dernier. J'aurai dans mes malheurs le triste honneur d'être à tous égards un exemple unique.

Les crimes les plus atroces, les assassinats même ne sont pas & ne doivent pas être poursuivis par devant d'autres Tribunaux que ceux des lieux où ils ont été commis. Si un Génevois tuoit un homme, même un autre Génevois en pays étranger, le Conseil de Genève ne pourroit s'attribuer la connoissance de ce crime: il pourroit livrer le coupable s'il étoit reclamé, il pourroit en solliciter le châtiment, mais à moins qu'on ne lui remît volontairement le jugement avec les pieces de la procédure, il ne le jugeroit pas, parce qu'il ne lui appartient pas de connoître d'un délit commis chez un autre Souverain, & qu'il ne peut pas même ordonner les informations nécessaires pour le constater. Voila la regle & voila la réponse à la question; *que fera le Gouvernement de Genève?* Ce sont ici les plus simples notions du Droit public qu'il seroit honteux au dernier Magistrat d'ignorer. Faudra-t-il toujours que j'enseigne à mes dépends les élemens de la jurisprudence à mes Juges?

Il devoit suivant les Auteurs des Réprésentations se borner à défendre provisionnellement le débit dans la Ville (k). C'est, en effet, tout ce qu'il pouvoit légitimement faire pour contenter son animosité; c'est ce qu'il avoit déja fait pour la nouvelle Héloïse, mais voyant que le Parlement de Paris ne disoit rien, & qu'on ne fai-

---

(k) Page 12.

soit nulle part une semblable défense, il en eut honte & la retira tout doucement (*l*). *Mais une improbation si foible n'auroit-elle pas été taxée de secrette connivence ?* Mais il y a long-tems que, pour d'autres Ecrits beaucoup moins tolérables, on taxe le Conseil de Genève d'une connivence assez peu secrette, sans qu'il se mette fort en peine de ce jugement. *Personne, dit-on, n'auroit pu se scandaliser de la modération dont on auroit usé.* Le cri public vous apprend combien on est scandalisé du contraire. *De bonne foi, s'il s'étoit agi d'un homme aussi désagréable au public que M. Rousseau lui étoit cher, ce qu'on appelle modération n'auroit-il*

pas

―――――――――――

(*l*) Il faut convenir que si l'Emile doit être défendu, l'Héloïse doit être tout au moins brûlée. Les notes surtout en sont d'une hardiesse dont la profession de foi du Vicaire n'approche assurément pas.

pas été taxé d'indifférence, de tiédeur impardonnable ? Ce n'auroit pas été un fi grand mal que cela, & l'on ne donne pas des noms fi honnêtes à la dureté qu'on exerce envers moi pour mes Ecrits, ni au fupport que l'on prête à ceux d'un autre.

En continuant de me fuppofer coupable, fuppofons, de plus, que le Confeil de Genève avoit droit de me punir, que la procédure eut été conforme à la Loi, & que cependant, fans vouloir même cenfurer mes Livres, il m'eut reçu paifiblement arrivant de Paris ; qu'auroient dit les honnêtes gens ? Le voici.

„ Ils ont fermé les yeux, ils le devoient.
„ Que pouvoient-ils faire ? Ufer de rigueur
„ en cette occafion eut été barbarie, ingrati-
„ tude, injuftice même, puifque la véritable
„ juftice compenfe le mal par le bien. Le
„ coupable a tendrement aimé fa Patrie, il en

„ a bien mérité; il l'a honorée dans l'Europe,
„ & tandis que ses compatriotes avoient hon-
„ te du nom Génevois, il en a fait gloire, il
„ l'a réhabilité chez l'étranger. Il a donné ci-
„ devant des conseils utiles, il vouloit le bien
„ public, il s'est trompé, mais il étoit pardon-
„ nable. Il a fait les plus grand éloges des
„ Magistrats, il cherchoit à leur rendre la
„ confiance de la Bourgeoisie; il a défendu la
„ Religion des Ministres, il méritoit quelque
„ retour de la part de tous. Et de quel front
„ eussent-ils osé sévir pour quelques erreurs
„ contre le défenseur de la divinité, contre
„ l'apologiste de la Religion si généralement
„ attaquée, tandis qu'ils toléroient qu'ils per-
„ mettoient même les Ecrits les plus odieux,
„ les plus indécens, les plus insultans au Chris-
„ tianisme, aux bonnes mœurs, les plus des-
„ tructifs de toute vertu, de toute morale,

,, ceux mêmes que Rousseau a cru devoir ré-
,, futer? On eut cherché les motifs secrets
,, d'une partialité si choquante; on les eut
,, trouvés dans le zele de l'accusé pour la liber-
,, té & dans les projets des Juges pour la dé-
,, truire. Rousseau eut passé pour le martir des
,, loix de sa patrie. Ses persécuteurs en pre-
,, nant en cette seule occasion le masque de
,, l'hypocrisie eussent été taxés de se jouer de
,, la Religion, d'en faire l'arme de leur ven-
,, geance & l'instrument de leur haine. Enfin
,, par cet empressement de punir un homme
,, dont l'amour pour sa patrie est le plus grand
,, crime, ils n'eussent fait que se rendre o-
,, dieux aux gens de bien, suspects à la bour-
,, geoisie & méprisables aux étrangers." Voila, Monsieur, ce qu'on auroit pu dire; voila
tout le risque qu'auroit couru le Conseil dans
le cas supposé du délit, en s'abstenant d'en
connoître.

QUATRIEME

Quelqu'un a eu raison de dire qu'il falloit brûler l'Evangile ou les Livres de M. Rousseau.

La commode méthode que suivent toujours ces Messieurs contre moi ! s'il leur faut des preuves, ils multiplient les assertions & s'il leur faut des témoignages, ils font parler des Quidams.

La sentence de celui-ci n'a qu'un sens qui ne soit pas extravagant, & ce sens est un blasphême.

Car quel blasphême n'est-ce pas de supposer l'Evangile & le recueil de mes Livres si semblables dans leurs maximes qu'ils se suppléent mutuellement, & qu'on en puisse indifféremment brûler un comme superflu, pourvu que l'on conserve l'autre ? Sans doute, j'ai suivi du plus près que j'ai pu la doctrine de l'Evangile; je l'ai aimée, je l'ai adoptée étendue expliquée, sans m'arrêter aux obscurités, aux difficultés, aux myſteres, ſans me détourner de l'eſſenciel: je m'y ſuis attaché avec tout le zele de mon cœur; je me ſuis indigné, récrié de voir cette Sainte doctrine ainſi profanée avilie par nos prétendus Chrétiens, & ſurtout par ceux qui font profeſſion de nous en inſtruire. J'oſe même croire, & je m'en vante, qu'aucun d'eux ne parla plus dignement que moi du vrai Chriſtianiſme & de ſon Auteur. J'ai là-deſſus le témoignage l'applaudiſſement même de mes adverſaires, non de ceux de Genève à la vérité, mais de ceux dont la haine n'eſt point une rage, & à qui la paſſion n'a point ôté tout ſentiment d'équité. Voila ce qui eſt vrai, voila ce que prouvent, & ma réponſe au Roi de Pologne, & ma Lettre à M. d'Alembert, & l'Héloïſe, & l'Emile, & tous mes Ecrits, qui reſpirent le même amour pour l'Evangile, la même vénération pour Jéſus-Chriſt.

Mais qu'il s'enfuive de-là qu'en rien je puisse approcher de mon Maître & que mes Livres puissent suppléer à ses leçons, c'est ce qui est faux, absurde, abominable; je déteste ce blasphême & désavoue cette témérité. Rien ne peut se comparer à l'Evangile. Mais sa sublime simplicité n'est pas également à la portée de tout le monde. Il faut quelquefois pour l'y mettre l'exposer sous bien des jours. Il faut conserver ce Livre sacré comme la regle du Maître, & les miens comme les commentaires de l'Ecolier.

J'ai traité jusqu'ici la question d'une maniere un peu générale; rapprochons-la maintenant des faits, par le parallele des procédures de 1563 & de 1762, & des raisons qu'on donne de leurs différences. Comme c'est ici le point décisif par rapport à moi, je ne puis, sans négliger ma cause, vous épargner ces détails,

peut-être ingrats en eux-mêmes, mais intéreſ-
ſans, à bien des égards, pour vous & pour
vos Concitoyens. C'eſt une autre diſcuſſion qui
ne peut être interrompue & qui tiendra ſeule
une longue Lettre. Mais, Monſieur, encore un peu de courage; ce ſera la derniere de
cette eſpece dans laquelle je vous entretiendrai
de moi.

CINQUIEME LETTRE.

APRÈS avoir établi, comme vous avez vu, la néceſſité de ſévir contre moi, l'Auteur des Lettres prouve, comme vous allez voir, que la procédure faite contre Jean Morelli, quoiqu'exactement conforme à l'Ordonnance, & dans un cas ſemblable au mien, n'étoit point un exemple à ſuivre à mon égard ; attendu, premiérement, que le Conſeil étant au deſſus de l'Ordonnance n'eſt point obligé de s'y conformer ; que d'ailleurs mon crime étant plus grave que le délit de Morelli devoit être traité plus ſévérement. A ces preuves l'Auteur ajoute, qu'il n'eſt pas vrai qu'on m'ait jugé ſans m'entendre, puiſqu'il ſuffiſoit d'entendre le Livre même & que la flétriſſure du Livre ne tombe en aucune façon ſur l'Auteur ; qu'enfin les ouvrages qu'on reproche au Conseil d'avoir tolérés sont innocens & tolérables en comparaison des miens.

Quant au premier Article, vous aurez peut-être peine à croire qu'on ait osé mettre sans façon le petit Conseil au dessus des Loix. Je ne connois rien de plus sûr pour vous en convaincre que de vous transcrire le passage où ce principe est établi & de peur de changer le sens de ce passage en le tronquant, je le transcrirai tout entier.

„ (a) L'Ordonnance a-t-elle voulu lier les
„ mains à la puissance civile & l'obliger à ne
„ réprimer aucun délit contre la Religion
„ qu'après que le Consistoire en auroit con-
„ nu ? Si cela étoit il en résulteroit qu'on
„ pourroit impunément écrire contre la Reli-

(a) Page 4.

„ ligion, que le Gouvernement seroit dans
„ l'impuissance de réprimer cette licence, &
„ de flétrir aucun Livre de cette espece; car
„ si l'Ordonnance veut que le délinquant pa-
„ roisse d'abord au Consistoire, l'Ordonnance
„ ne prescrit pas moins que *s'il se range on le*
„ *supporte sans diffame*. Ainsi quel qu'ait été
„ son délit contre la Religion, l'accusé en fai-
„ sant semblant de se ranger pourra toujours
„ échapper; & celui qui auroit diffamé la Re-
„ ligion par toute la terre au moyen d'un re-
„ pentir simulé devroit être supporté *sans dif-*
„ *fame*. Ceux qui connoissent l'esprit de sévé-
„ rité, pour ne rien dire de plus, qui régnoit,
„ lorsque l'Ordonnance fut compilée, pour-
„ ront-ils croire que ce soit-là le sens de l'Ar-
„ ticle 88. de l'Ordonnance?

„ Si le Consistoire n'agit pas, son inaction
„ enchaînera-t-elle le Conseil? Ou du moins

,, fera-t-il réduit à la fonction de délateur au-
,, près du Confiftoire? Ce n'eft pas là ce qu'a
,, entendu l'Ordonnance, lorfqu'après avoir
,, traité de l'établiffement du devoir & du pou-
,, voir du Confiftoire, elle conclud que la puif-
,, fance civile refte en fon entier, en forte
,, qu'il ne foit en rien dérogé à fon autori-
,, té, ni au cours de la juftice ordinaire par
,, aucunes remontrances eccléfiaftiques. Cette
,, Ordonnance ne fuppofe donc point, comme
,, on le fait dans les Répréfentations, que
,, dans cette matiere les Miniftres de l'Evan-
,, gile foient des juges plus naturels que les
,, Confeils. Tout ce qui eft du reffort de l'au-
,, torité en matiere de Religion eft du reffort
,, du Gouvernement. C'eft le principe des
,, Proteftans, & c'eft finguliérement le princi-
,, pe de notre Conftitution qui en cas de dif-
,, pute attribue aux Confeils le droit de dé-
,, cider fur le dogme. "

Vous voyez, Monsieur, dans ces dernieres lignes le principe sur lequel est fondé ce qui les précéde. Ainsi pour procéder dans cet examen avec ordre, il convient de commencer par la fin.

Tout ce qui est du ressort de l'Autorité en matiere de Religion est du ressort du Gouvernement.

Il y a ici dans le mot *Gouvernement* une équivoque qu'il importe beaucoup d'éclaircir, & je vous conseille, si vous aimez la constitution de votre patrie, d'être attentif à la distinction que je vais faire; vous en sentirez bientôt l'utilité.

Le mot de *Gouvernement* n'a pas le même sens dans tous les pays, parce que la constitution des Etats n'est pas par tout la même.

Dans les Monarchies où la puissance exécutive est jointe à l'exercice de la souveraineté, le Gouvernement n'est autre chose que le Souverain lui-même, agissant par ses Ministres, par son Conseil, ou par des Corps qui dépendent absolument de sa volonté. Dans les Républiques, surtout dans les Démocraties, où le Souverain n'agit jamais immédiatement par lui-même, c'est autre chose. Le Gouvernement n'est alors que la puissance exécutive, & il est absolument distinct de la souveraineté.

Cette distinction est très importante en ces matieres. Pour l'avoir bien présente à l'esprit on doit lire avec quelque soin dans le *Contract Social* les deux premiers Chapitres du Livre troisieme, ou j'ai tâché de fixer par un sens précis des expressions qu'on laissoit avec art incertaines, pour leur donner au besoin telle acception qu'on vouloit. En général, les Chefs des Républiques aiment extrêmement employer le langage des Monarchies. A la faveur de termes qui semblent consacrés, ils savent amener peu à peu les choses que ces mots signifient. C'est ce que fait ici très-habilement l'Auteur des Lettres, en prenant le mot de *Gouvernement*, qui n'a rien d'effrayant en lui-même, pour l'exercice de la souveraineté, qui seroit révoltant, attribué sans détour au petit Conseil.

C'est ce qu'il fait encore plus ouvertement dans un autre passage (*b*) où, après avoir dit que *le Petit Conseil est le Gouvernement même,* ce qui est vrai en prenant ce mot de *Gouvernement* dans un sens subordonné, il ose ajouter qu'à ce titre il exerce toute l'autorité qui n'est pas attribuée aux autres Corps de l'Etat; prenant ainsi le mot de Gouvernement dans le sens de la souveraineté, comme si tous les Corps de l'Etat, & le Conseil général lui-mê-

---

(*b*) Page 66.

me, étoient inſtitués par le petit Conſeil: car ce n'eſt qu'à la faveur de cette ſuppoſition qu'il peut s'attribuer à lui ſeul tous les pouvoirs que la Loi ne donne expreſſément à perſonne. Je reprendrai ci-après cette queſtion.

Cette équivoque éclaircie, on voit à découvert le ſophiſme de l'Auteur. En effet, dire que tout ce qui eſt du reſſort de l'autorité en matiere de Religion eſt du reſſort du Gouvernement, eſt une propoſition véritable, ſi par ce mot de Gouvernement on entend la puiſſance légiſlative ou le Souverain; mais elle eſt très fauſſe ſi l'on entend la puiſſance exécutive ou le Magiſtrat; & l'on ne trouvera jamais dans votre République que le Conſeil général ait attribué au petit Conſeil le droit de régler en dernier reſſort tout ce qui concerne la Religion.

Une ſeconde équivoque plus ſubtile encore

vient à l'appui de la premiere dans ce qui suit. *C'est le principe des Proteſtans, & c'eſt ſingulièrement l'eſprit de notre conſtitution qui, dans le cas de diſpute attribue aux Conſeils le droit de décider ſur le dogme.* Ce droit, ſoit qu'il y ait diſpute ou qu'il n'y en ait pas, appartient ſans contredit *aux Conſeils* mais non pas *au Conſeil*. Voyez comment avec une lettre de plus ou de moins on pourroit changer la conſtitution d'un Etat !

Dans les Principes des Proteſtans, il n'y a point d'autre Egliſe que l'Etat & point d'autre Légiſlateur eccléſiaſtique que le Souverain. C'eſt ce qui eſt manifeſte, ſurtout à Genève, où l'Ordonnance eccléſiaſtique a reçu du Souverain dans le Conſeil général la même ſanction que les Edits civils.

Le Souverain ayant donc preſcrit ſous le nom de Réformation la doctrine qui devoit être

tre enseignée à Genève & la forme de culte qu'on y devoit suivre, a partagé entre deux corps le soin de maintenir cette doctrine & ce culte tels qu'ils sont fixés par la Loi. A l'un elle a remis la matiere des enseignemens publics, la décision de ce qui est conforme ou contraire à la Religion de l'Etat, les avertissemens & admonitions convenables, & même les punitions spirituelles, telles que l'excommunication. Elle a chargé l'autre de pourvoir à l'exécution des Loix sur ce point comme sur tout autre, & de punir civilement les prévaricateurs obstinés.

Ainsi toute procédure régulière sur cette matiere doit commencer par l'examen du fait; savoir, s'il est vrai que l'accusé soit coupable d'un délit contre la Religion, & par la Loi cet examen appartient au seul Consistoire.

Quand le délit est constaté & qu'il est de

Partie I.   P

nature à mériter une punition civile, c'est alors au Magistrat seul de faire droit, & de décerner cette punition. Le Tribunal ecclésiastique dénonce le coupable au Tribunal civil, & voilà comment s'établit sur cette matiere la compétence du Conseil.

Mais lorsque le Conseil veut prononcer en Théologien sur ce qui est ou n'est pas du dogme, lorsque le Consistoire veut usurper la jurisdiction civile, chacun de ces corps sort de sa compétence; il désobéit à la Loi & au Souverain qui l'a portée, lequel n'est pas moins Législateur en matiere ecclésiastique qu'en matiere civile, & doit être reconnu tel des deux côtés.

Le Magistrat est toujours juge des Ministres en tout ce qui regarde le civil; jamais en ce qui regarde le dogme; c'est le Consistoire. Si le Conseil prononçoit les jugemens de l'Eglise il auroit le droit d'excommunication, & au contraire ses membres y sont soumis eux-mêmes. Une contradiction bien plaisante dans cette affaire est que je suis décrété pour mes erreurs & que je ne suis pas excommunié; le Conseil me poursuit comme apostat & le Consistoire me laisse au rang des fidelles! Cela n'est-il pas singulier?

Il est bien vrai que s'il arrive des dissentions entre les Ministres sur la doctrine, & que par l'obstination d'une des parties ils ne puissent s'accorder ni entre eux ni par l'entremise des Anciens, il est dit par l'Article 18. que la cause doit être portée au Magistrat *pour y mettre ordre.*

Mais mettre ordre à la querelle n'est pas décider du dogme. L'Ordonnance explique elle-même le motif du recours au Magistrat; c'est l'obstination d'une des Parties. Or la police dans tout l'Etat, l'infpection fur les querelles, le maintien de la paix & de toutes les fonctions publiques, la réduction des obftinés, font inconteftablement du reffort du Magiftrat. Il ne jugera pas pour cela de la doctrine, mais il rétablira dans l'affemblée l'ordre convenable pour qu'elle puiffe en juger.

Et quand le Confeil feroit juge de la doctrine en dernier reffort, toujours ne lui feroit-il pas permis d'intervertir l'ordre établi par la Loi, qui attribue au Confiftoire la premiere connoiffance en ces matieres; tout de même qu'il ne lui eft pas permis, bien que juge fuprême, d'évoquer à foi les caufes civiles, avant qu'elles aient paffé aux premieres appellations.

L'article 18 dit bien qu'en cas que les Miniftres ne puiffent s'accorder, la caufe doit être portée au Magiftrat pour y mettre ordre;

mais il ne dit point que la premiere connoiſſance de la doctrine pourra être ôtée au Conſiſtoire par le Magiſtrat, & il n'y a pas un ſeul
exemple de pareille uſurpation depuis que la
République exiſte (c). C'eſt dequoi l'Auteur

(c) Il y eut dans le ſeizieme ſiécle beaucoup de diſputes ſur la prédeſtination, dont on auroit dû faire l'amuſement des écoliers, & dont on ne manqua pas, ſelon l'uſage, de faire une grande affaire d'Etat. Cependant ce furent les Miniſtres qui la déciderent, & même contre l'intérêt public. Jamais, que je ſache, depuis les Edits, le petit Conſeil ne s'eſt aviſé de prononcer ſur le dogme ſans leur concours. Je ne connois qu'un jugement de cette eſpece, & il fut rendu par le Deux-Cent. Ce fut dans la grande querelle de 1669 ſur la grace particuliere. Après de longs & vains débats dans la Compagnie & dans le Conſiſtoire, les Profeſſeurs, ne pouvant s'accorder, porterent l'affaire au petit Conſeil, qui ne la jugea pas. Le Deux-Cent l'évoqua & la jugea. L'importante queſtion dont il s'agiſſoit étoit de ſavoir ſi Jéſus étoit mort ſeulement pour le ſalut des élus, ou s'il étoit mort auſſi pour le ſalut des damnés. Après bien des ſéances & de meures délibérations, le Magnifique Conſeil des Deux-Cents prononça que Jéſus n'étoit mort que pour le ſalut

des Lettres paroit convenir lui-même en difant qu'*en cas de difpute* les Confeils ont le droit de décider fur le dogme; car c'eft dire qu'ils n'ont ce droit qu'après l'examen du Confiftoire, & qu'ils ne l'ont point quand le Confiftoire eft d'accord.

Ces diftinctions du reffort civil & du reffort eccléfiaftique font claires, & fondées, non feu-

---

des élus. On conçoit bien que ce jugement fût une affaire de faveur, & que Jéfus feroit mort pour les dannés, fi le Profeffeur Tronchin avoit eu plus de crédit que fon adverfaire. Tout cela fans doute eft fort ridicule: on peut dire toutefois qu'il ne s'agiffoit pas ici d'un dogme de foi, mais de l'uniformité de l'inftruction publique dont l'infpection appartient fans contredit au Gouvernement. On peut ajouter que cette belle difpute avoit tellement excité l'attention que toute la Ville étoit en rumeur. Mais n'importe; les Confeils devoient appaifer la querelle fans prononcer fur la doctrine. La décifion de toutes les queftions qui n'intéreffent perfonne & où qui que ce foit ne comprend rien doit toujours être laiffée aux Théologiens.

lement sur la Loi, mais sur la raison, qui ne veut pas que les Juges, de qui dépend le sort des particuliers en puissent décider autrement que sur des faits constans, sur des corps de délit positifs, bien avérés, & non sur des imputations aussi vagues aussi arbitraires que celles des erreurs sur la Religion ; & de quelle sûreté jouiroient les Citoyens, si, dans tant de dogmes obscurs, susceptibles de diverses interprétations, le Juge pouvoit choisir au gré de sa passion celui qui chargeroit ou disculperoit l'Accusé, pour le condanner ou l'absoudre ?

La preuve de ces distinctions est dans l'institution même, qui n'auroit pas établi un Tribunal inutile ; puisque si le Conseil pouvoit juger, surtout en premier ressort, des matieres ecclésiastiques, l'institution du Consistoire ne serviroit de rien.

Elle est encore en mille endroits de l'Ordonnance, où le Législateur distingue avec tant de soin l'autorité des deux Ordres ; distinction bien vaine, si dans l'exercice de ses fonctions l'un étoit en tout soumis à l'autre. Voyez dans les Articles XXIII & XXIV. la spécification des crimes punissables par les Loix, & de ceux dont *la premiere inquisition appartient au Consistoire.*

Voyez la fin du même Article XXIV, qui veut qu'en ce dernier cas, après la conviction du coupable le Consistoire en fasse rapport au Conseil, en y ajoutant son avis. *Afin*, dit l'Ordonnance, *que le jugement concernant la punition soit toujours reservé à la Seigneurie.* Termes d'où l'on doit inférer que le jugement concernant la doctrine appartient au Consistoire.

Voyez le serment des Ministres, qui jurent

de se rendre pour leur part sujets & obéissans aux Loix; & au Magistrat entant que leur Ministere le porte : c'est-à-dire sans préjudicier à la liberté qu'ils doivent avoir d'enseigner selon que Dieu le leur commande. Mais où seroit cette liberté s'ils étoient par les loix sujets pour cette doctrine aux décisions d'un autre corps que le leur?

Voyez l'Article 80, où non seulement l'Edit prescrit au Consistoire de veiller & pourvoir aux désordres généraux & particuliers de l'Eglise, mais où il l'institue à cet effet. Cet article a-t-il un sens ou n'en a-t-il point? est-il absolu, n'est-il que conditionnel; & le Consistoire établi par la Loi n'auroit-il qu'une existence précaire, & dépendante du bon plaisir du Conseil?

Voyez l'Article 97 de la même Ordonnance, où dans les cas qui exigent punition civile, il est dit que le Consistoire ayant ouï les Parties & fait les remontrances & censures ecclésiastiques doit rapporter le tout au Conseil, lequel *sur son rapport*, remarquez bien la répétition de ce mot, *avisera d'ordonner & faire jugement, selon l'exigence du cas*. Voyez, enfin, ce qui suit dans le même Article, & n'oubliez pas que c'est le Souverain qui parle. *Car combien que ce soient choses conjointes & inséparables que la Seigneurie & supériorité que Dieu nous a donnée, & le Gouvernement spirituel qu'il a établi dans son Eglise, elles ne doivent nullement être confuses; puisque celui qui a tout empire de commander & auquel nous voulons rendre toute sujétion comme nous devons, veut-être tellement reconnu Auteur du Gouvernement politique & ecclésiastique, que cependant il a expressément discerné tant les vocations que l'administration de l'un & de l'autre.*

Mais comment ces administrations peuvent-elles être distinguées sous l'autorité commune du Législateur, si l'une peut empiéter à son gré sur celle de l'autre? S'il n'y a pas là de la contradiction, je n'en saurois voir nulle part.

A l'Article 88, qui prescrit expressément l'ordre de procédure qu'on doit observer contre ceux qui dogmatisent, j'en joins un autre qui n'est pas moins important; c'est l'article 53 au titre *du Cathéchisme*, où il est ordonné que ceux qui contreviendront au bon ordre, après avoir été remontrés suffisamment, s'ils persistent, soient appellés au Consistoire, *& si lors ils ne veulent obtempérer* aux remontrances qui leur seront faites, *qu'il en soit fait rapport à la Seigneurie.*

De quel bon ordre est-il parlé là ? Le Titre le dit ; c'est du bon ordre en matiere de doctrine, puisqu'il ne s'agit que du Catféchisme qui en eſt le ſommaire. D'ailleurs le maintien du bon ordre en général paroît bien plus appartenir au Magiſtrat qu'au Tribunal eccléſiaſtique. Cependant voyez quelle gradation! Premiérement *il faut remontrer*; ſi le coupable perſiſte, *il faut l'appeller au Conſiſtoire*; enfin s'il ne veut obtempérer, *il faut faire rapport à la Seigneurie*. En toute matiere de foi, le dernier reſſort eſt toujours attribué aux Conſeils; telle eſt la Loi, telles ſont toutes vos Loix. J'attends de voir quelque article, quelque paſſage dans vos Edits, en vertu duquel le petit Conſeil s'attribue auſſi le premier reſſort, & puiſſe faire tout d'un coup d'un pareil délit le ſujet d'une procédure criminelle.

Cette marche n'eſt pas ſeulement contraire à la Loi, elle eſt contraire à l'équité, au bon ſens, à l'uſage univerſel. Dans tous les pays du monde la regle veut qu'en ce qui concerne une science ou un art, on prenne, avant que de prononcer, le jugement des Professeurs dans cette science ou des Experts en cet art ; pourquoi, dans la plus obscure dans la plus difficile de toutes les sciences, pourquoi, lorsqu'il s'agit de l'honneur & de la liberté d'un homme, d'un Citoyen, les Magistrats négligeroient-ils les précautions qu'ils prennent dans l'art le plus mécanique au sujet du plus vil intérêt ?

Encore une fois, à tant d'autorités à tant de raisons qui prouvent l'illégalité & l'irrégularité d'une telle procédure quelle Loi, quel Edit oppose-t-on pour la justifier ? Le seul passage qu'ait pu citer l'Auteur des Lettres est celui-ci, dont encore il transpose les termes pour en altérer l'esprit.

Que toutes les remontrances ecclésiastiques se fassent en telle sorte que par le Consistoire ne soit en rien dérogé à l'autorité de la Seigneurie ni de la juſtice ordinaire; mais que la puiſſance civile demeure en ſon entier (d).

Or voici la conſéquence qu'il en tire. ,, Cet,, ,, te Ordonnance ne ſuppoſe donc point, com- ,, me on le fait dans les Répréſentations que ,, les Miniſtres de l'Evangile ſoient dans ces ,, matieres des Juges plus naturels que les ,, Conſeils." Commençons d'abord par remet. tre le mot Conſeil au ſingulier, & pour cauſe.

Mais où eſt-ce que les Répréſentans ont ſuppoſé que les Miniſtres de l'Evangile fuſſent dans ces matieres des Juges plus naturels que le Conſeil (e).

(*d*) Ordonnances eccléſiaſtiques Art. XCVII.
(*e*) *L'examen & la diſcuſſion de cette matiere*, diſent-ils page 42, *appartiennent mieux aux Miniſtres de l'Evangile qu'au Magnifique Conſeil.* Quelle eſt la matiere dont il s'agit dans ce paſſage? C'eſt la queſtion ſi ſous l'apparence des doutes j'ai raſſemblé

Selon l'Edit le Consistoire & le Conseil sont Juges naturels chacun dans sa partie, l'un de la doctrine, & l'autre du délit. Ainsi la puissance civile & l'ecclésiastique restent chacune en son entier sous l'autorité commune du Souverain ; & que signifieroit ici ce mot même de *Puissance civile*, s'il n'y avoit une autre *Puissance* sous-entendue ? Pour moi je ne vois rien dans ce passage qui change le sens naturel de ceux que j'ai cités. Et bien loin de-là ; les lignes qui suivent les confirment, en déterminant l'état où le Consistoire doit avoir mis la

---

dans mon Livre tout ce qui peut tendre à sapper ébranler & détruire les principaux fondemens de la Religion Chrétienne. L'Auteur des Lettres part de-là pour faire dire aux Représentans que dans ces matieres les Ministres sont des Juges plus naturels que les Conseils. Ils sont sans contredit des Juges plus naturels de la question de Théologie, mais non pas de la peine due au délit, & c'est aussi ce que les Représentans n'ont ni dit ni fait entendre.

procédure avant qu'elle foit portée au Confeil. C'eft précifément la conclufion contraire à celle que l'Auteur en voudroit tirer.

Mais voyez comment, n'ofant attaquer l'Ordonnance par les termes, il l'attaque par les conféquences.

„ L'Ordonnance a-t-elle voulu lier les mains
„ à la puiffance civile, & l'obliger à ne ré-
„ primer aucun délit contre la Religion qu'a-
„ près que le Confiftoire en auroit connu? Si
„ cela étoit ainfi il en réfulteroit qu'on pour-
„ roit impunément écrire contre la Religion;
„ car en faifant femblant de fe ranger l'accufé
„ pourroit toujours échapper, & celui qui au-
„ roit diffamé la Religion par toute la terre
„ devroit être fupporté fans diffame au moyen
„ d'un repentir fimulé (*f*). "

C'eft

(*f*) Page 14.

C'est donc pour éviter ce malheur affreux, cette impunité scandaleuse, que l'Auteur ne veut pas qu'on suive la Loi à la Lettre. Toutefois seize pages après, le même Auteur vous parle ainsi.

„ La politique & la philosophie pourront
„ soutenir cette liberté de tout écrire, mais
„ nos Loix l'ont réprouvée : or il s'agit de sa-
„ voir si le jugement du Conseil contre les Ou-
„ vrages de M. Rousseau & le décret contre
„ sa personne sont contraires à nos Loix, &
„ non de savoir s'ils sont conformes à la phi-
„ losophie & à la politique (g).‟

Ailleurs encore cet Auteur, convenant que la flétrissure d'un Livre n'en détruit pas les argumens & peut même leur donner une publicité plus grande, ajoute : „ A cet égard, je

---

(g) Page 30.

,, retrouve assez mes maximes dans celles des
,, Répréfentations. Mais ces maximes ne font
,, pas celles de nos Loix (*b*). "

En refferrant & liant tous ces paffages, je leur trouve à peu près le fens qui fuit.

Quoique la Philofophie la Politique & la raifon puiffent foutenir la liberté de tout écrire, on doit dans notre Etat punir cette liberté, parce que nos Loix la réprouvent. Mais il ne faut pourtant pas fuivre nos Loix à la Lettre, parce qu'alors on ne puniroit pas cette liberté.

A parler vrai, j'entrevois là je ne fais quel galimathias qui me choque; & pourtant l'Auteur me paroit homme d'efprit: ainfi dans ce réfumé je penche à croire que je me trompe fans qu'il me foit poffible de voir en quoi. Comparez donc vous-même les pages 14, 22,

---

(*b*) Page 22.

30; & vous verrez si j'ai tort ou raison.

Quoi qu'il en soit, en attendant que l'Auteur nous montre ces autres Loix où les préceptes de la Philosophie & de la Politique sont réprouvés, reprenons l'examen de ses objections contre celle-ci.

Premiérement, loin que, de peur de laisser un délit impuni, il soit permis dans une République au Magistrat d'aggraver la Loi, il ne lui est pas même permis de l'étendre aux délits sur lesquels elle n'est pas formelle, & l'on sait combien de coupables échappent en Angleterre à la faveur de la moindre distinction subtile dans les termes de la Loi. *Quiconque est plus sévere que les Loix*, dit Vauvenargue, *est un Tyran* (i).

(i) Comme il n'y a point à Geneve de Loix pénales proprement dites, le Magistrat inflige arbitrairement la peine des crimes; ce qui est assurément un

CINQUIEME

Mais voyons si la conséquence de l'impunité, dans l'espece dont il s'agit, est si terrible que l'a fait l'Auteur des Lettres.

Il faut, pour bien juger de l'esprit de la Loi, se rappeller ce grand principe, que les meilleures Loix criminelles sont toujours celles qui tirent de la nature des crimes les châtimens qui leur sont imposés. Ainsi les assassins doivent être punis de mort, les voleurs, de la perte de leur bien, ou, s'ils n'en ont pas, de celle de leur liberté, qui est alors le seul bien qui leur reste. De même, dans les délits qui

---

grand défaut dans la Législation & un abus énorme dans un Etat libre. Mais cette autorité du Magistrat ne s'étend qu'aux crimes contre la loi naturelle & reconnus tels dans toute société, ou aux choses spécialement défendues par la loi positive ; elle ne va pas jusqu'à forger un délit imaginaire où il n'y en a point, ni, sur quelque délit que ce puisse être, jusqu'à renverser, de peur qu'un coupable n'échape, l'ordre de la procédure fixé par la Loi.

font uniquement contre la Religion, les peines doivent être tirées uniquement de la Religion; tel est, par exemple, la privation de la preuve par serment en choses qui l'exigent ; telle est encore l'excommunication , prescritte ici comme la peine la plus grande de quiconque a dogmatisé contre la Religion. Sauf, ensuite, le renvoi au Magistrat, pour la peine civile due au délit civil, s'il y en a.

Or il faut se ressouvenir que l'Ordonnance, l'Auteur des Lettres, & moi, ne parlons ici que d'un délit simple contre la Religion. Si le délit étoit complexe, comme si, par exemple , j'avois imprimé mon Livre dans l'Etat sans permission, il est incontestable que pour être absous devant le Consistoire, je ne le serois pas devant le Magistrat.

Cette distinction faite, je reviens & je dis: il y a cette différence entre les délits contre la Religion & les délits civils, que les derniers font aux hommes ou aux Loix un tort un mal réel pour lequel la sûreté publique exige nécessairement réparation & punition; mais les autres sont seulement des offenses contre la divinité, à qui nul ne peut nuire & qui pardonne au repentir. Quand la divinité est appaisée, il n'y a plus de délit à punir, sauf le scandale, & le scandale se répare en donnant au repentir la même publicité qu'a eu la faute. La charité Chrétienne imite alors la clémence divine, & ce seroit une inconséquence absurde de venger la Religion par une rigueur que la Religion réprouve. La justice humaine n'a & ne doit avoir nul égard au repentir; je l'avoue; mais voila, précisément pourquoi, dans une espece de délit que le repentir peut réparer, l'Ordonnance a pris des mesures pour que le Tribunal civil n'en prit pas d'abord connoissance.

L'inconvénient terrible que l'Auteur trouve à laisser impunis civilement les délits contre la Religion n'a donc pas la réalité qu'il lui donne, & la conséquence qu'il en tire pour prouver que tel n'est pas l'esprit de la Loi, n'est point juste, contre les termes formels de la Loi.

Ainsi quel qu'ait été le délit contre la Religion, ajoute-t-il, *l'accusé en faisant semblant de se ranger pourra toujours échapper.* L'Ordonnance ne dit pas; *s'il fait semblant de se ranger*, elle dit, *s'il se range*, & il y a des regles aussi certaines qu'on en puisse avoir en tout autre cas pour distinguer ici la réalité de la fausse apparence, surtout quant aux effets extérieurs, seuls compris sous ce mot, *s'il se range*.

Si le délinquant s'étant rangé retombe, il commet un nouveau délit plus grave & qui mérite un traitement plus rigoureux. Il est relaps, & les voyes de le ramener à son devoir font plus sévéres. Le Conseil a là dessus pour modele les formes judiciaires de l'inquisition (*k*), & si l'Auteur des Lettres n'approuve pas qu'il soit aussi doux qu'elle, il doit au moins lui laisser toujours la distinction des cas ; car il n'est pas permis, de peur qu'un délinquant ne retombe, de le traiter d'avance comme s'il étoit déja retombé.

C'est pourtant sur ces fausses conséquences que cet Auteur s'appuye pour affirmer que l'Edit dans cet Article n'a pas eu pour objet de régler la procédure & de fixer la compétence des Tribunaux. Qu'a donc voulu l'Edit, selon lui ? Le voici.

Il a voulu empêcher que le Consistoire ne sévît contre des gens auxquels on imputeroit ce qu'ils n'auroient peut-être point dit, ou dont on auroit exagéré les écarts ; qu'il ne sévît, dis-

(*k*) Voyez le manuel des Inquisiteurs.

je, contre ces gens-là fans en avoir conféré avec eux, fans avoir eſſayé de les gagner.

Mais qu'eſt-ce que févir, de la part du Conſiſtoire ? C'eſt excommunier, & déférer au Conſeil. Ainſi, de peur que le Conſiſtoire ne défere trop légérement un coupable au Conſeil, l'Edit le livre tout d'un coup au Conſeil. C'eſt une précaution d'une eſpece toute nouvelle. Cela eſt admirable que, dans le même cas, la Loi prenne tant de meſures pour empêcher le Conſiſtoire de févir précipitamment, & qu'elle n'en prenne aucune pour empêcher le Conſeil de févir précipitamment ; qu'elle porte une attention ſi ſcrupuleuſe à prévenir la diffamation, & qu'elle n'en donne aucune à prévenir le ſupplice ; qu'elle pourvoye à tant de choſes pour qu'un homme ne ſoit pas excommunié mal-à-propos, & qu'elle ne pourvoye à rien pour qu'il ne ſoit pas brûlé mal-à-propos; qu'elle craigne si fort la rigueur des Ministres, & si peu celle des Juges! C'étoit bien fait assurément de compter pour beaucoup la communion des fidelles; mais ce n'étoit pas bien fait de compter pour si peu leur sûreté, leur liberté, leur vie; & cette même Religion qui prescrivoit tant d'indulgence à ses gardiens, ne devoit pas donner tant de barbarie à ses vengeurs.

Voila toutefois, selon notre Auteur, la solide raison pourquoi l'Ordonnance n'a pas voulu dire ce qu'elle dit. Je crois que l'exposer c'est assez y répondre. Passons maintenant à l'application; nous ne la trouverons pas moins curieuse que l'interprétation.

L'Article 88 n'a pour objet que celui qui dogmatise, qui enseigne, qui instruit. Il ne parle point d'un simple Auteur, d'un homme qui ne fait que publier un Livre, & qui, au surplus, se tient en repos. A dire la vérité, cette distinction me paroit un peu subtile; car, comme disent très bien les Représentans, on dogmatise par écrit, tout comme de vive voix. Mais admettons cette subtilité; nous y trouverons une distinction de faveur pour adoucir la Loi, non de rigueur pour l'aggraver.

Dans tous les Etats du monde la police veille avec le plus grand soin sur ceux qui instruisent qui enseignent qui dogmatisent; elle ne permet ces sortes de fonctions qu'à gens autorisés. Il n'est pas même permis de prêcher la bonne doctrine si l'on n'est reçu prédicateur. Le Peuple aveugle est facile à séduire; un homme qui dogmatise, attroupe, & bientôt il peut ameuter. La moindre entreprise en ce point est toujours regardée comme un attentat punissable, à cause des conséquences qui peuvent en résulter.

Il n'en est pas de même de l'Auteur d'un Livre; s'il enseigne, au moins il n'attroupe point, il n'ameute point, il ne force personne à l'écouter, à le lire; il ne vous recherche point, il ne vient que quand vous le recherchez vous-même; il vous laisse réfléchir sur ce qu'il vous dit, il ne dispute point avec vous, ne s'anime point, ne s'obstine point, ne leve point vos doutes, ne résout point vos objections, ne vous poursuit point; voulez-vous le quitter, il vous quitte, &, ce qui est ici l'article important, il ne parle pas au peuple.

Aussi jamais la publication d'un Livre ne fut-elle regardée par aucun Gouvernement du même œil que les pratiques d'un dogmatiseur. Il y a même des pays où la liberté de la presse est entiere; mais il n'y en a aucun où il soit permis à tout le monde de dogmatiser indifféremment. Dans les pays où il est défendu d'imprimer des Livres sans permission, ceux qui désobéissent sont punis quelquefois pour avoir désobéi; mais la preuve qu'on ne regarde pas au fond ce que dit un Livre comme une chose fort importante est, la facilité avec laquelle on laisse entrer dans l'Etat ces mêmes Livres que, pour n'en pas paroître approuver les maximes, on n'y laisse pas imprimer.

Tout ceci est vrai, surtout, des Livres qui ne sont point écrits pour le peuple tels qu'ont toujours été les miens. Je sais que votre Conseil affirme dans ses réponses que, *selon l'intention de l'Auteur, l'Emile doit servir de guide aux peres & aux meres* (*l*): mais cette assertion n'est pas excusable, puisque j'ai manifesté dans la préface & plusieurs fois dans le Livre une intention toute différente. Il s'agit d'un nou-

---

(*l*) Page 22 & 23, des Représentations imprimées.

veau fyftême d'éducation, dont j'offre le plan à l'examen des fages, & non pas d'une méthode pour les peres & les meres, à laquelle je n'ai jamais fongé. Si quelquefois, par une figure affez commune, je parois leur adreffer la parole, c'eft, ou pour me faire mieux entendre, ou pour m'exprimer en moins de mots. Il eft vrai que j'entrepris mon Livre à la follicitation d'une mere; mais cette mere, toute jeune & toute aimable qu'elle eft, a de la philofophie & connoit le cœur humain; elle eft par la figure un ornement de fon fexe, & par le génie une exception. C'eft pour les efprits de la trempe du fien que j'ai pris la plume, non pour des Meffieurs tel ou tel, ni pour d'autres Meffieurs de pareille étoffe, qui me lifent fans m'entendre, & qui m'outragent fans me fâcher.

Il réfulte de la diftinction fuppofée que fi la procédure prefcritte par l'Ordonnance contre un homme qui dogmatife n'eſt pas applicable à l'Auteur d'un Livre, c'eſt qu'elle eſt trop ſévère pour ce dernier. Cette conféquence ſi naturelle, cette conféquence que vous & tous mes lecteurs tirez ſûrement ainſi que moi, n'eſt point celle de l'Auteur des Lettres. Il en tire une toute contraire. Il faut l'écouter lui-même : vous ne m'en croiriez pas, ſi je vous parlois d'après lui.

„ Il ne faut que lire cet Article de l'Or-
„ donnance pour voir évidemment qu'elle n'a
„ en vue que cet ordre de perſonnes qui ré-
„ pandent par leurs diſcours des principes eſti-
„ més dangereux. *Si ces perſonnes ſe rangent,*
„ y eſt-il dit, *qu'on les ſupporte ſans diffame.*
„ Pourquoi ? C'eſt qu'alors on a une ſureté
„ raiſonnable qu'elles ne répandront plus cet-
„ te yvraye, c'eſt qu'elles ne ſont plus à
„ craindre. Mais qu'importe la rétractation

„ vraie ou fimulée de celui qui par la voye
„ de l'impreffion a imbu tout le monde de fes
„ opinions? Le délit eft confommé; il fub-
„ fiftera toujours, & ce délit, aux yeux de la
„ Loi, eft de la même efpece que tous les
„ autres, où le repentir eft inutile dès que la
„ juftice en a pris connoiffance. "

Il y a là dequoi s'émouvoir, mais calmons-nous, & raifonnons. Tant qu'un homme dogmatife, il fait du mal continuellement; jufqu'à ce qu'il fe foit rangé cet homme eft à craindre; fa liberté même eft un mal, parce qu'il en ufe pour nuire, pour continuer de dogmatifer. Que s'il fe range à la fin, n'importe; les enfeignemens qu'il a donnés font toujours donnés, & le délit à cet égard eft autant confommé qu'il peut l'être. Au contraire, auffitôt qu'un Livre eft publié, l'Auteur ne fait plus de mal, c'eft le Livre feul qui en
fait.

fait. Que l'Auteur foit libre ou foit arrêté, le Livre va toujours fon train. La détention de l'Auteur peut être un châtiment que la Loi prononce, mais elle n'eft jamais un remede au mal qu'il a fait, ni une précaution pour en arrêter le progrès.

Ainfi les remedes à ces deux maux ne font pas les mêmes. Pour tarir la fource du mal que fait le dogmatifeur, il n'y a nul moyen prompt & fûr que de l'arrêter: mais arrêter l'Auteur c'eft ne remédier à rien du tout; c'eft au contraire augmenter la publicité du Livre, & par conféquent empirer le mal, comme le dit très bien ailleurs l'Auteur des Lettres. Ce n'eft donc pas là un préliminaire à la procédure, ce n'eft pas une précaution convenable à la chofe; c'eft une peine qui ne doit être infligée que par jugement, & qui n'a d'utilité que le châtiment du coupable. A moins donc que fon

Partie I. R

délit ne soit un délit civil, il faut commencer par raisonner avec lui, l'admonester, le convaincre, l'exhorter à réparer le mal qu'il a fait, à donner une rétractation publique, à la donner librement afin qu'elle fasse son effet, & à la motiver si bien que ces derniers sentimens ramenent ceux qu'ont égaré les premiers. Si loin de se ranger il s'obstine, alors seulement on doit sévir contre lui. Telle est certainement la marche pour aller au bien de la chose; tel est le but de la Loi, tel sera celui d'un sage Gouvernement, qui *doit bien moins se proposer de punir l'Auteur que d'empêcher l'effet de l'ouvrage* (*m*).

Comment ne le seroit-ce pas pour l'Auteur d'un Livre, puisque l'Ordonnance, qui suit en tout les voyes convenables à l'esprit du Chris-

---

(*m*) Page 25.

tianisme, ne veut pas même qu'on arrête le dogmatiseur avant d'avoir épuisé tous les moyens possibles pour le ramener au devoir ? elle aime mieux courir les risques du mal qu'il peut continuer de faire que de manquer à la charité. Cherchez, de grace, comment de cela seul on peut conclurre que la même Ordonnance veut qu'on débute contre l'Auteur par un décret de prise de corps ?

Cependant l'Auteur des Lettres, après avoir déclaré qu'il retrouvoit assez ses maximes sur cet article dans celles des Réprésentans, ajoute; *mais ces maximes ne sont pas celles de nos Loix*, & un moment après il ajoute encore, que *ceux qui inclinent à une pleine tolérance pourroient tout au plus critiquer le Conseil de n'avoir pas dans ce cas fait taire une Loi dont l'exercice ne leur paroit pas convenable* (n). Cette

---

(n) Page 23.

conclusion doit surprendre, après tant d'efforts pour prouver que la seule Loi qui paroit s'appliquer à mon délit ne s'y applique pas nécessairement. Ce qu'on reproche au Conseil n'est point de n'avoir pas fait taire une Loi qui existe, c'est d'en avoir fait parler une qui n'existe pas.

La Logique employée ici par l'Auteur me paroit toujours nouvelle. Qu'en pensez-vous, Monsieur? connoissez-vous beaucoup d'argumens dans la forme de celui-ci?

La Loi force le Conseil à sévir contre l'Auteur du Livre.

Et où est-elle cette Loi qui force le Conseil à sévir contre l'Auteur du Livre?

Elle n'existe pas, à la vérité: mais il en existe une autre, qui, ordonnant de traiter avec douceur celui qui dogmatise, ordonne, par consé-

quent, de traiter avec rigueur l'Auteur, dont elle ne parle point.

Ce raisonnement devient bien plus étrange encore pour qui sait que ce fut comme Auteur & non comme dogmatiseur que Morelli fut poursuivi; il avoit aussi fait un Livre, & ce fut pour ce Livre seul qu'il fut accusé. Le corps du délit, selon la maxime de notre Auteur étoit dans le Livre même, l'Auteur n'avoit pas besoin d'être entendu; cependant il le fut, & non seulement on l'entendit, mais on l'attendit; on suivit de point en point toute la procédure prescrite par ce même article de l'Ordonnance qu'on nous dit ne regarder ni les Livres ni les Auteurs. On ne brûla même le Livre qu'après la retraite de l'Auteur, jamais il ne fut décrété, l'on ne parla pas du Bourreau (*o*); en-

_____

(*o*) Ajoutez la circonspection du Magistrat dans

CINQUIEME

fin tout cela se fit sous les yeux du Législateur, par les rédacteurs de l'Ordonnance, au moment qu'elle venoit de passer dans le tems même où régnoit cet esprit de sévérité qui, selon notre Anonyme, l'avoit dictée, & qu'il allégue en justification très claire de la rigueur exercée aujourd'hui contre moi.

Or écoutez là-dessus la distinction qu'il fait. Après avoir exposé toutes les voyes de

---

toute cette affaire, sa marche lente & graduelle dans la procédure, le rapport du Consistoire, l'appareil du jugement. Les Sindics montent sur leur Tribunal public, ils invoquent le nom de Dieu, ils ont sous leurs yeux la sainte Ecriture; après une meure délibération, après avoir pris conseil des Citoyens, ils prononcent leur jugement devant le peuple afin qu'il en sache les causes, ils le font imprimer & publier, & tout cela pour la simple condamnation d'un Livre, sans flétrissure, sans décret contre l'Auteur, opiniâtre & contumax. Ces Messieurs, depuis lors, ont appris à disposer moins cérémonieusement de l'honneur & de la liberté des hommes, & surtout des Citoyens : Car il est à remarquer que Morelli ne l'étoit pas.

douceur dont on ufa envers Morelli, le tems qu'on lui donna pour fe ranger, la procédure lente & réguliere qu'on fuivit avant que fon Livre fut brûlé, il ajoute. ,, Toute cette ,, marche eft très fage. Mais en faut-il con- ,, clurre que dans tous les cas & dans des cas ,, très différens, il en faille abfolument tenir ,, une femblable ? Doit-on procéder contre ,, un homme abfent qui attaque la Religion ,, de la même maniere qu'on procéderoit con- ,, tre un homme préfent qui cenfure la difci- ,, pline (*p*) ? " C'eſt-à-dire en d'autres termes ; ,, doit-on procéder contre un homme qui ,, n'attaque point les Loix, & qui vit hors de ,, leur jurifdiction, avec autant de douceur que ,, contre un homme qui vit fous leur jurifdic- ,, tion & qui les attaque ? " Il ne fembleroit

―――――――――――――――――――

(*p*) Page 17.

pas, en effet, que cela dut faire une question. Voici, j'en suis sûr, la premiere fois qu'il a passé par l'esprit humain d'aggraver la peine d'un coupable, uniquement parce que le crime n'a pas été commis dans l'Etat.

,, A la vérité, " continue-t-il, ,, on remar-
,, que dans les Représentations à l'avantage de
,, M. Rousseau que Morelli avoit écrit contre
,, un point de discipline, au lieu que les Li-
,, vres de M. Rousseau, au sentiment de ses
,, Juges, attaquent proprement la Religion.
,, Mais cette remarque pourroit bien n'être
,, pas généralement adoptée, & ceux qui re-
,, gardent la Religion comme l'Ouvrage de
,, Dieu & l'appui de la constitution pourront
,, penser qu'il est moins permis de l'attaquer
,, que des points de discipline, qui, n'étant que
,, l'Ouvrage des hommes peuvent être sus-
,, pects d'erreur, & du moins susceptibles d'u-

„ ne infinité de formes & de combinaisons
„ différentes (*q*) ?

Ce discours, je vous l'avoue, me paroîtroit tout au plus passable dans la bouche d'un Capucin, mais il me choqueroit fort sous la plume d'un Magistrat. Qu'importe que la remarque des Réprésentans ne soit pas généralement adoptée, si ceux qui la rejettent ne le font que parce qu'ils raisonnent mal ?

Attaquer la Religion est sans contredit un plus grand péché devant Dieu que d'attaquer la discipline. Il n'en est pas de même devant les Tribunaux humains qui sont établis pour punir les crimes, non les péchés, & qui ne sont pas les vengeurs de Dieu mais des Loix.

La Religion ne peut jamais faire partie de la Législation qu'en ce qui concerne les actions

---

(*q*) Page 18.

des hommes. La Loi ordonne de faire ou de s'abſtenir, mais elle ne peut ordonner de croire. Ainſi quiconque n'attaque point la pratique de la Religion n'attaque point la Loi.

Mais la diſcipline établie par la Loi fait eſſenciellement partie de la Légiſlation, elle devient Loi elle-même. Quiconque l'attaque attaque la Loi & ne tend pas à moins qu'à troubler la conſtitution de l'Etat. Que cette conſtitution fut, avant d'être établie, ſuſceptible de pluſieurs formes & combinaiſons différentes, en eſt-elle moins reſpectable & ſacrée ſous une de ces formes, quand elle en eſt une fois revêtue à l'excluſion de toutes les autres; & dès lors la Loi politique n'eſt-elle pas conſtante & fixe ainſi que la Loi divine?

Ceux donc qui n'adopteroient pas en cette affaire la remarque des Repréſentans auroient d'autant plus de tort que cette remarque fut faite par le Conseil même dans la sentence contre le Livre de Morelli, qu'elle accuse surtout de *tendre à faire schisme & trouble dans l'Etat d'une maniere séditieuse* ; imputation dont il seroit difficile de charger le mien.

Ce que les Tribunaux civils ont à défendre n'est pas l'Ouvrage de Dieu, c'est l'Ouvrage des hommes ; ce n'est pas des ames qu'ils sont chargés, c'est des corps ; c'est de l'Etat & non de l'Eglise qu'ils sont les vrais gardiens, & lorsqu'ils se mêlent des matieres de Religion, ce n'est qu'autant qu'elles sont du ressort des Loix, autant que ces matieres importent au bon ordre & à la sûreté publique. Voila les saines maximes de la Magistrature. Ce n'est pas, si l'on veut, la doctrine de la puissance absolue, mais c'est celle de la justice & de la raison. Jamais on ne s'en écartera dans les Tribunaux civils sans donner dans les plus funestes abus, sans mettre l'Etat en combustion, sans faire des Loix & de leur autorité le plus odieux brigandage. Je suis fâché pour le peuple de Genève que le Conseil le méprise assez pour l'oser leurer par de tels discours, dont les plus bornés & les plus superstitieux de l'Europe ne sont plus les dupes. Sur cet Article vos Réprésentans raisonnent en hommes d'Etat, & vos Magistrats raisonnent en Moines.

Pour prouver que l'exemple de *Morelli* ne fait pas regle, l'Auteur des Lettres oppose à la procédure faite contre lui celle qu'on fit en 1632 contre *Nicolas Antoine*, un pauvre fou qu'à la sollicitation des Ministres le Conseil fit brûler pour le bien de son ame. Ces Auto-da-fès n'étoient pas rares jadis à Genève, & il paroit par ce qui me regarde que ces Messieurs ne manquent pas de goût pour les renouveller.

Commençons toujours par transcrire fidellement les passages, pour ne pas imiter la méthode de mes perſécuteurs.

„ Qu'on voye le procès de Nicolas Antoi-
„ ne. L'Ordonnance eccléſiaſtique exiſtoit, &
„ on étoit aſſez près du tems où elle avoit été
„ rédigée pour en connoître l'eſprit; Antoine
„ fut-il cité au Conſiſtoire? Cependant parmi
„ tant de voix qui s'éleverent contre cet Ar-
„ rêt ſanguinaire, & au milieu des efforts que
„ firent pour le ſauver les gens humains &
„ modérés, y eut-il quelqu'un qui réclamât
„ contre l'irrégularité de la procédure? Mo-
„ relli fut cité au Conſiſtoire, Antoine ne le
„ fut pas; la citation au Conſiſtoire n'eſt donc
„ pas néceſſaire dans tous les cas (r). "

Vous croirez là-deſſus que le Conſeil procé-

(r) Page 17.

da d'emblée contre Nicolas Antoine comme il a fait contre moi, & qu'il ne fut pas feulement queftion du Confiftoire ni des Miniftres. Vous allez voir.

Nicolas Antoine ayant été, dans un de fes accès de fureur, fur le point de fe précipiter dans le Rhône, le Magiftrat fe détermina à le tirer du logis public où il étoit, pour le mettre à l'Hôpital, où les Médecins le traiterent. Il y refta quelque tems proférant divers blafphêmes contre la Religion Chrétienne. ,, Les ,, Miniftres le voyoient tous les jours, & tâ- ,, choient, lorfque fa fureur paroiffoit un peu ,, calmée, de le faire revenir de fes erreurs, ,, ce qui n'aboutit à rien, Antoine ayant dit ,, qu'il perfifteroit dans fes fentimens jufqu'à la ,, mort qu'il étoit prêt de fouffrir pour la gloi- ,, re *du grand Dieu d'Ifrael*. N'ayant pu rien ,, gagner fur lui, ils en informerent le Con-

LETTRE,

„ feil, où ils le répréfenterent pire que Servet,
„ Gentilis & tous les autres Antitrinitaires,
„ concluant à ce qu'il fut mis en chambre
„ claufe; ce qui fut exécuté." (s).

Vous voyez là d'abord pourquoi il ne fut pas cité au Confiftoire; c'eft qu'étant griévement malade & entre les mains des Médecins, il lui étoit impoffible d'y comparoitre. Mais s'il n'alloit pas au Confiftoire, le Confiftoire ou fes membres alloient vers lui. Les Miniftres le voyoient tous les jours, l'exhortoient tous les jours. Enfin n'ayant pû rien gagner fur lui, ils le dénoncent au Confeil, le répréfentent pire que d'autres qu'on avoit punis de mort, requiérent qu'il foit mis en prifon, & fur leur requifition cela eft exécuté.

En prifon même les Miniftres firent de leur

(s) Hift. de Genève, in-12. T. 2. page 550 & fuiv. à la note.

mieux pour le ramener, entrerent avec lui dans la discussion de divers passages de l'ancien Testament, & le conjurerent partout ce qu'ils purent imaginer de plus touchant de renoncer à ses erreurs (*t*), mais il y demeura ferme. Il le fut aussi devant le Magistrat, qui lui fit subir les interrogatoires ordinaires. Lorsqu'il fut question de juger cette affaire, le Magistrat consulta encore les Ministres, qui comparurent en Conseil au nombre de quinze, tant Pasteurs que Professeurs. Leurs opinions furent partagées, mais l'avis du plus grand nombre fut suivi & Nicolas exécuté. De sorte que le procès fut tout ecclésiastique, & que
Nicolas

(*t*) S'il y eut renoncé, eut-il également été brûlé ? Selon la maxime de l'Auteur des Lettres il auroit dû l'être. Cependant il paroit qu'il ne l'auroit pas été; puisque, malgré son obstination, le Magistrat ne laissa pas de consulter les Ministres. Il le regardoit, en quelque sorte, comme étant encore sous leur jurisdiction.

Nicolas fut, pour ainsi dire, brûlé par la main des Ministres.

Tel fut, Monsieur, l'ordre de la procédure dans laquelle l'Auteur des Lettres nous assure qu'Antoine ne fut pas cité au Consistoire. D'où il conclud que cette citation n'est donc pas toujours nécessaire. L'exemple vous paroit-il bien choisi ?

Supposons qu'il le soit, que s'ensuivra-t-il ? Les Réprésentans concluoient d'un fait en confirmation d'une Loi. L'Auteur des Lettres conclud d'un fait contre cette même Loi. Si l'autorité de chacun de ses deux faits détruit celle de l'autre, reste la Loi dans son entier. Cette Loi, quoiqu'une fois enfreinte, en est-elle moins expresse, & suffiroit-il de l'avoir violée une fois pour avoir droit de la violer toujours ?

Concluons à notre tour. Si j'ai dogmatifé, je suis certainement dans le cas de la Loi: si je n'ai pas dogmatisé, qu'a-t-on à me dire ? aucune Loi n'a parlé de moi (*u*). Donc on a transgressé la Loi qui existe, ou supposé celle qui n'existe pas.

Il est vrai qu'en jugeant l'Ouvrage on n'a pas jugé définitivement l'Auteur. On n'a fait encore que le décréter, & l'on compte cela pour rien. Cela me paroit dur, cependant; mais ne soyons jamais injustes, même envers ceux qui le sont envers nous, & ne cherchons point l'iniquité où elle peut ne pas être. Je ne fais point un crime au Conseil, ni même à l'Auteur des Lettres de la distinction qu'ils mettent entre l'homme & le Livre, pour se

---

(*u*) Rien de ce qui ne blesse aucune Loi naturelle ne devient criminel, que lorsqu'il est défendu par quelque Loi positive. Cette remarque a pour but de faire sentir aux raisonneurs superficiels que mon dilemme est exact.

disculper de m'avoir jugé sans m'entendre. Les Juges ont pu voir la chose comme ils la montrent, ainsi je ne les accuse en cela ni de supercherie ni de mauvaise foi. Je les accuse seulement de s'être trompés à mes dépends en un point très grave; & se tromper pour absoudre est pardonnable, mais se tromper pour punir est une erreur bien cruelle.

Le Conseil avançoit dans ses réponses que, malgré la flétrissure de mon Livre, je restois, quant à ma personne, dans toutes mes exceptions & défenses.

Les Auteurs des Représentations répliquent qu'on ne comprend pas quelles exceptions & défenses il reste à un homme déclaré impie, téméraire, scandaleux, & flétri même par la main du Bourreau dans des ouvrages qui portent son nom.

„ Vous supposez ce qui n'est point, " dit

à cela l'Auteur des Lettres; ,, savoir, que le ,, jugement porte sur celui dont l'Ouvrage ,, porte le nom: mais ce jugement ne l'a pas ,, encore effleuré, ses exceptions & défenses ,, lui restent donc entieres. " (x).

Vous vous trompez vous-même, dirois-je à cet écrivain. Il est vrai que le jugement qui qualifie & flétrit le Livre n'a pas encore attaqué la vie de l'Auteur, mais il a déja tué son honneur: ses exceptions & défenses lui restent encore entieres pour ce qui regarde la peine afflictive, mais il a déja reçu la peine infamante: Il est déja flétri & deshonnoré, autant qu'il dépend de ses juges: La seule chose qui leur reste à décider, c'est s'il sera brûlé ou non.

La distinction sur ce point entre le Livre &

(x) Page 21.

l'Auteur est inepte, puisqu'un Livre n'est pas punissable. Un Livre n'est en lui-même ni impie ni téméraire; ces épithetes ne peuvent tomber que sur la doctrine qu'il contient, c'est-à-dire sur l'Auteur de cette doctrine. Quand on brûle un Livre, que fait là le Bourreau? Deshonore-t-il les feuillets du Livre? qui jamais ouït dire qu'un Livre eut de l'honneur?

Voila l'erreur; en voici la source: un usage mal entendu.

On écrit beaucoup de Livres; on en écrit peu avec un desir sincere d'aller au bien. De cent Ouvrages qui paroissent, soixante au moins ont pour objet des motifs d'intérêt & d'ambition. Trente autres, dictés par l'esprit de parti, par la haine, vont, à la faveur de l'anonyme porter dans le public le poison de la calomnie & de la satyre. Dix, peut-être, & c'est beaucoup, sont écrits dans de bonnes vues: on y dit la vérité qu'on fait, on y cherche le bien qu'on aime. Oui ; mais où est l'homme à qui l'on pardonne la vérité ? Il faut donc se cacher pour la dire. Pour être utile impunément, on lâche son Livre dans le public, & l'on fait le plongeon.

De ces divers Livres, quelques uns des mauvais & à peu près tous les bons sont dénoncés & proscrits dans les Tribunaux: la raison de cela se voit sans que je la dise. Ce n'est, au surplus, qu'une simple formalité, pour ne pas paroître approuver tacitement ces Livres. Du reste, pourvû que les noms des Auteurs n'y soient pas, ces Auteurs, quoique tout le monde les connoisse & les nomme, ne sont pas connus du Magistrat. Plusieurs même sont dans l'usage d'avouer ces Livres pour s'en faire honneur, & de les renier pour se mettre à couvert; le même homme sera l'Auteur ou ne le fera pas, devant le même homme felon qu'ils feront à l'audience ou dans un foupé. C'eft alternativement oui & non, fans difficulté, fans fcrupule. De cette façon la fureté ne coûte rien à la vanité. C'eft là la prudence & l'habileté que l'Auteur des Lettres me reproche de n'avoir pas eue, & qui pourtant n'exige pas, ce me femble, que pour l'avoir on fe mette en grands fraix d'efprit.

Cette maniere de procéder contre des Livres anonymes dont on ne veut pas connoître les Auteurs eft devenue un ufage judiciaire. Quand on veut févir contre le Livre on le brûle, parce qu'il n'y a perfonne à entendre, & qu'on voit bien que l'Auteur qui fe cache n'eft pas d'humeur à l'avouer; fauf à rire le foir avec lui-même des informations qu'on vient d'ordonner le matin contre lui. Tel eft l'ufage.

Mais lorfqu'un Auteur mal-adroit, c'eft-à-dire, un Auteur qui connoît fon devoir, qui le veut remplir, fe croit obligé de ne rien dire au public qu'il ne l'avoue, qu'il ne fe nomme, qu'il ne fe montre pour en répondre, alors l'équité, qui ne doit pas punir comme un crime la mal-adreffe d'un homme d'honneur, veut qu'on procede avec lui d'une autre maniere; elle veut qu'on ne fépare point la caufe du Livre de celle de l'homme, puifqu'il déclare en mettant fon nom ne les vouloir point féparer; elle veut qu'on ne juge l'ouvrage qui ne peut répondre, qu'après avoir ouï l'Auteur qui répond pour lui. Ainfi, bien que condanner un Livre anonyme foit en effet ne condanner que le Livre, condanner un Livre qui porte le nom de l'Auteur, c'eft condanner l'Auteur même, & quand on ne l'a point mis à portée de répondre, c'eft le juger fans l'avoir entendu.

L'affignation préliminaire, même, fi l'on veut, le décret de prife de corps eft donc indifpenfable en pareil cas avant de procéder au jugement du Livre, & vainement diroit-on avec l'Auteur des Lettres que le délit eft évident, qu'il eft dans le Livre même; cela ne difpenfe point de fuivre la forme judiciaire qu'on fuit dans les plus grands crimes, dans les plus avérés, dans les mieux prouvés: Car quand toute la Ville auroit vu un homme en affaffiner un autre, encore ne jugeroit-on point l'affaffin fans l'entendre, ou fans l'avoir mis à portée d'être entendu.

Et pourquoi cette franchife d'un Auteur qui fe nomme tourneroit-elle ainfi contre lui? Ne doit-elle pas, au contraire, lui mériter des égards? Ne doit-elle pas impofer aux Juges plus de circonfpection que s'il ne fe fut pas nommé? Pourquoi, quand il traite des queftions hardies s'exposeroit-il ainsi, s'il ne se sentoit rassuré contre les dangers, par des raisons qu'il peut alléguer en sa faveur & qu'on peut présumer sur sa conduite même valoir la peine d'être entendues ? L'Auteur des Lettres aura beau qualifier cette conduite d'imprudence & de mal-adresse ; elle n'en est pas moins celle d'un homme d'honneur, qui voit son devoir où d'autres voyent cette imprudence, qui sent n'avoir rien à craindre de quiconque voudra procéder avec lui justement, & qui regarde comme une lâcheté punissable de publier des choses qu'on ne veut pas avouer.

S'il n'est question que de la réputation d'Auteur, a-t-on besoin de mettre son nom à son Livre ? Qui ne sait comment on s'y prend pour en avoir tout l'honneur sans rien risquer, pour s'en glorifier sans en répondre, pour prendre un air humble à force de vanité ? De quels Auteurs d'une certaine volée ce petit tour d'adresse est-il ignoré ? Qui d'entre eux ne sait qu'il est même au dessous de la dignité de se nommer, comme si chacun ne devoit pas en lisant l'Ouvrage deviner le Grand homme qui l'a composé ?

Mais ces Messieurs n'ont vu que l'usage ordinaire, & loin de voir l'exception qui faisoit en ma faveur, ils l'ont fait servir contre moi. Ils devoient brûler le Livre sans faire mention de l'Auteur, ou s'ils en vouloient à l'Auteur, attendre qu'il fut présent ou contumax pour brûler le Livre. Mais point ; ils brûlent le Livre comme si l'Auteur n'étoit pas connu, & décretent l'Auteur comme si le Livre n'étoit pas brûlé. Me décréter après m'avoir diffamé ! que me vouloient-ils donc encore ? Que me réservoient-ils de pis dans la suite ? Ignoroient-ils que l'honneur d'un honnête homme lui est plus cher que la vie ? Quel mal reste-t-il à lui faire quand on a commencé par le flétrir ? Que me sert de me présenter innocent devant les Juges, quand le traitement qu'ils me font avant de m'entendre est la plus cruelle peine qu'ils pourroient m'imposer si j'étois jugé criminel ?

On commence par me traiter à tous égards comme un malfaiteur qui n'a plus d'honneur à perdre & qu'on ne peut punir desormais que dans son corps, & puis on dit tranquillement que je reste dans toutes mes exceptions & défenses ! Mais comment ces exceptions & défenses effaceront-elles l'ignominie & le mal qu'on m'aura fait souffrir d'avance & dans mon Livre & dans ma personne, quand j'aurai été promené dans les rues par des archers, quand aux maux qui m'accablent on aura pris soin d'ajouter les rigueurs de la prison ? Quoi donc ! pour être juste doit-on confondre dans la même classe & dans le même traitement toutes les fautes & tous les hommes ? pour un acte de franchise appellé mal-adresse, faut-il débuter par traîner un Citoyen sans reproche dans les prisons comme un scélérat ? Et quel avantage aura donc devant les juges l'estime publique & l'intégrité de la vie entiere, si cinquante ans d'honneur vis à vis du moindre indice (y) ne sauvent un homme d'aucun affront ?

(y) Il y auroit, à l'examen, beaucoup à rabattre des présomptions que l'Auteur des Lettres affecte d'accumuler contre moi. Il dit, par exemple, que les Livres déférés paroissoient sous le même format que mes autres ouvrages. Il est vrai qu'ils étoient in douze & in octavo ; sous quel format sont donc ceux des autres Auteurs ? Il ajoute qu'ils étoient imprimés par le même Libraire ; voila ce qui n'est pas. L'Emile fut imprimé par des Libraires différens du mien, & avec des caracteres qui n'avoient servi à nul autre de mes Ecrits. Ainsi l'indice qui résultoit de cette confrontation n'étoit point contre moi, il étoit à ma décharge.

,, La comparaison d'Emile & du Contract
,, Social avec d'autres Ouvrages qui ont été
,, tolérés, & la partialité qu'on en prend oc-
,, casion de reprocher au Conseil ne me sem-
,, blent pas fondées. Ce ne seroit pas bien
,, raisonner que de prétendre qu'un Gouver-
,, nement parce qu'il auroit une fois dissimulé
,, seroit obligé de dissimuler toujours: si c'est u-
,, ne négligence on peut la redresser; si c'est un
,, silence forcé par les circonstances ou par la
,, politique, il y auroit peu de justice à en fai-
,, re la matiere d'un reproche. Je ne prétends
,, point justifier les ouvrages désignés dans les
,, Représentations; mais en conscience y-a-t-
,, il parité entre des Livres où l'on trouve des
,, traits épars & indiscrets contre la Religion,
,, & des Livres où sans détour sans ménage-
,, ment on l'attaque dans ses dogmes dans sa
,, morale, dans son influence sur la Société

,, civile ? Faifons impartialement la compa-
,, raifon de ces Ouvrages, jugeons en par
,, l'impreffion qu'ils ont faite dans le mon-
,, de ; les uns s'impriment & fe débitent par
,, tout; on fait comment y ont été reçus les
,, autres (z).''

J'ai cru devoir transcrire d'abord ce paragraphe en entier. Je le reprendrai maintenant par fragmens. Il mérite un peu d'analyfe.

Que n'imprime-t-on pas à Genève ; que n'y tolere-t-on pas? Des Ouvrages qu'on a peine à lire fans indignation s'y débitent publiquement ; tout le monde les lit, tout le monde les aime, les Magiftrats fe taifent, les Miniftres fourient, l'air auftere n'eft plus du bon air. Moi feul & mes Livres avons mérité l'animadverfion du Confeil, & quelle animadverfion ?

(z) Page 23 & 24.

L'on ne peut même l'imaginer plus violente ni plus terrible. Mon Dieu! je n'aurois jamais cru d'être un si grand scélérat.

La comparaison d'Emile & du Contract Social avec d'autres Ouvrages tolérés ne me semble pas fondée. Ah je l'espere!

Ce ne seroit pas bien raisonner de prétendre qu'un Gouvernement, parce qu'il auroit une fois dissimulé, seroit obligé de dissimuler toujours. Soit; mais voyez les tems les lieux les personnes; voyez les écrits sur lesquels on dissimule, & ceux qu'on choisit pour ne plus dissimuler; voyez les Auteurs qu'on fête à Genève, & voyez ceux qu'on y poursuit.

Si c'est une négligence on peut la redresser. On le pouvoit, on l'auroit dû, l'a-t-on fait? Mes écrits & leur Auteur ont été flétris sans avoir mérité de l'être; & ceux qui l'ont mérité ne sont pas moins tolérés qu'auparavant.

L'ex-

L'exception n'eſt que pour moi ſeul.

Si c'eſt un ſilence forcé par les circonſtances & par la politique; il y auroit peu de juſtice à en faire la matiere d'un reproche. Si l'on vous force à tolérer des Ecrits puniſſables, tolérés donc auſſi ceux qui ne le font pas. La décence au moins exige qu'on cache au peuple ces choquantes acceptions de perſonnes, qui puniſſent le foible innocent des fautes du puiſſant coupable. Quoi! ces diſtinctions ſcandaleuſes ſont-elles donc des raiſons, & feront-elles toujours des dupes? Ne diroit-on pas que le ſort de quelques ſatyres obſcenes intéreſſe beaucoup les Potentats, & que votre Ville va être écraſée ſi l'on n'y tolere, ſi l'on n'y imprime, ſi l'on n'y vend publiquement ces mêmes Ouvrages qu'on proſcrit dans le pays des Auteurs? Peuples, combien on vous en fait accroire en faiſant ſi ſouvent intervenir les

Partie I. T

Puissances pour autoriser le mal qu'elles ignorent & qu'on veut faire en leur nom !

Lorsque j'arrivai dans ce pays on eut dit que tout le Royaume de France étoit à mes trousses. On brûle mes Livres à Genève; c'est pour complaire à la France. On m'y décrete; la France le veut ainsi. L'on me fait chasser du Canton de Berne; c'est la France qui l'a demandé. L'on me poursuit jusques dans ces Montagnes; si l'on m'en eut pu chasser, c'eut encore été la France. Forcé par mille outrages j'écris une lettre apologétique. Pour le coup tout étoit perdu. J'étois entouré, surveillé; la France envoyoit des espions pour me guetter, des soldats pour m'enlever, des brigands pour m'assassiner; il étoit même imprudent de sortir de ma maison. Tous les dangers me venoient toujours de la France, du Parlement, du Clergé, de la Cour même; on ne vit de la vie un pauvre barbouilleur de papier devenir pour son malheur un homme aussi important. Ennuyé de tant de bêtises, je vais en France; je connoissois les François, & j'étois malheureux. On m'accueille, on me caresse, je reçois mille honnêtetés & il ne tient qu'à moi d'en recevoir davantage. Je retourne tranquillement chez moi. L'on tombe des nues; on n'en revient pas; on blâme fortement mon étourderie, mais on cesse de me menacer de la France; on a raison. Si jamais des assassins daignent terminer mes souffrances, ce n'est surement pas de ce pays-là qu'ils viendront.

Je ne confonds point les diverses causes de mes disgraces; je sais bien discerner celles qui sont l'effet des circonstances, l'ouvrage de la triste necessité, de celles qui me viennent uniquement de la haine de mes ennemis. Eh! plut-à-Dieu que je n'en eusse pas plus à Genève qu'en France, & qu'ils n'y fussent pas plus implacables! Chacun sait aujourd'hui d'où sont partis les coups qu'on m'a portés & qui m'ont été les plus sensibles. Vos gens me reprochent mes malheurs comme s'ils n'étoient pas leur ouvrage. Quelle noirceur plus cruelle que de me faire un crime à Genève des persécutions qu'on me suscitoit dans la Suisse, & de m'accuser de n'être admis nulle part, en me faisant chasser de par tout! Faut-il que je reproche à l'amitié qui m'appella dans ces contrées le voisinage de mon pays? J'ose en attester tous les Peuples de l'Europe; y en a-t-il un seul, excepté la Suisse, où je n'eusse pas été reçu, même avec honneur? Toutefois dois-je me plaindre du choix de ma retraite? Non, malgré tant d'acharnement & d'outrages, j'ai plus gagné que perdu; j'ai trouvé un homme. Ame noble & grande! ô George

Keith! mon protecteur mon ami, mon pere! où que vous soyez, où que j'acheve mes tristes jours, & dussé-je ne vous revoir de ma vie; non, je ne reprocherai point au Ciel mes miseres; je leur dois votre amitié.

En conscience, y-a t-il parité entre des Livres où l'on trouve quelques traits épars & indiscrets contre la Religion, & des Livres où sans détour sans ménagement on l'attaque dans ses dogmes, dans sa morale, dans son influence sur la société?

En conscience!...... Il ne siéroit pas à un impie tel que moi d'oser parler de conscience .... sur tout vis-à-vis de ces bons Chrétiens.... ainsi je me tais...... C'est pourtant une singuliere conscience que celle qui fait dire à des Magistrats; nous souffrons volontiers qu'on blasphême, mais nous ne souffrons pas qu'on raisonne! Otons, Monsieur, la disparité des sujets; c'est avec ces mêmes façons de penser que les Athéniens applaudissoient aux impiétés d'Aristophane & firent mourir Socrate.

Une des choses qui me donnent le plus de confiance dans mes principes est de trouver leur application toujours juste dans les cas que j'avois le moins prévus ; tel est celui qui se présente ici. Une des maximes qui découlent de l'analyse que j'ai faite de la Religion & de ce qui lui est essenciel est que les hommes ne doivent se mêler de celle d'autrui qu'en ce qui les intéresse ; d'où il suit qu'ils ne doivent jamais punir des offenses (*aa*) faites uniquement

---

(*aa*). Notez que je me sers de ce mot *offenser Dieu* selon l'usage, quoique je sois très éloigné de l'admettre dans son sens propre, & que je le trouve très mal appliqué ; comme si quelque être que ce soit, un homme, un Ange, le Diable même pouvoit jamais offenser Dieu. Le mot que nous rendons par *offenses* est traduit comme presque tout le reste du texte sacré ; c'est tout dire. Des hom-

à Dieu, qui saura bien les punir lui-même. *Il faut honorer la divinité & ne la venger jamais*, disent après Montesquieu les Répréfentans; ils ont raison. Cependant les ridicules outrageans, les impiétés groſſieres, les blasphêmes contre la Religion ſont puniſſables, jamais les raiſonnemens. Pourquoi cela ? Parce que dans ce premier cas on n'attaque pas ſeulement la Religion, mais ceux qui la profeſſent, on les inſulte, on les outrage dans leur culte, on mar-

---

mes enfarinés de leur théologie ont rendu & défiguré ce Livre admirable ſelon leurs petites idées, & voila dequoi l'on entretient la folie & le fanatiſme du peuple. Je trouve très ſage la circonſpection de l'Egliſe Romaine ſur les traductions de l'Ecriture en langue vulgaire, & comme il n'eſt pas néceſſaire de propoſer toujours au peuple les méditations voluptueuſes du Cantique des Cantiques, ni les malédictions continuelles de David contre ſes ennemis, ni les ſubtilités de St. Paul ſur la grace, il eſt dangereux de lui propoſer la ſublime morale de l'Evangile dans des termes qui ne rendent pas exactement le ſens de l'Auteur ; car pour peu qu'on s'en écarte, en prenant une autre route on va très loin.

que un mépris révoltant pour ce qu'ils respectent & par conséquent pour eux. De tels outrages doivent être punis par les loix, parce qu'ils retombent fur les hommes, & que les hommes ont droit de s'en reſſentir. Mais où eſt le mortel fur la terre qu'un raiſonnement doive offenfer? Où eſt celui qui peut ſe fâcher de ce qu'on le traite en homme & qu'on le ſuppofe raiſonnable? ſi le raiſonneur ſe trompe ou nous trompe, & que vous vous intéreſſiez à lui ou à nous, montrez lui ſon tort, défabufez-nous, battez-le de fes propres armes. Si vous n'en voulez pas prendre la peine, ne dites rien, ne l'écoutez pas, laiſſez-le raiſonner ou déraiſonner, & tout eſt fini ſans bruit, ſans querelle, ſans inſulte quelconque pour qui que ce ſoit. Mais ſur quoi peut-on fonder la maxime contraire de tolérer la raillerie le mépris l'outrage, & de punir la raiſon? La mienne s'y perd.

Ces Messieurs voyent si souvent M. de Voltaire. Comment ne leur a-t-il point inspiré cet esprit de tolérance qu'il prêche sans cesse, & dont il a quelquefois besoin? S'ils l'eussent un peu consulté dans cette affaire, il me paroit qu'il eut pû leur parler à peu près ainsi.

„ Messieurs, ce ne sont point les raison-
„ neurs qui font du mal, ce sont les caffards.
„ La Philosophie peut aller son train sans ris-
„ que; le peuple ne l'entend pas ou la laisse
„ dire, & lui rend tout le dédain qu'elle a
„ pour lui. Raisonner est de toutes les folies
„ des hommes celle qui nuit le moins au genre
„ humain, & l'on voit même des gens sages
„ entichés par fois de cette folie-là. Je ne rai-
„ sonne pas, moi, cela est vrai, mais d'autres
„ raisonnent; quel mal en arrive-t-il? Voyez,
„ tel, tel, & tel ouvrage; n'y a-t-il que des
„ plaisanteries dans ces Livres-là? Moi-même

„ enfin, fi je ne raifonne pas, je fais mieux;
„ je fais raifonner mes lecteurs. Voyez mon
„ chapitre des Juifs ; voyez le même chapitre
„ plus développé dans le Sermon des cinquan-
„ te. Il y a là du raifonnement ou l'équivalent,
„ je penfe. Vous conviendrez auffi qu'il y a
„ peu de *détour*, & quelque chofe de plus
„ que *des traits épars & indifcrets*.

„ Nous avons arrangé que mon grand cré-
„ dit à la Cour & ma toute-puiffance préten-
„ due vous ferviroient de prétexte pour laif-
„ fer courir en paix les jeux badins de mes
„ vieux ans: cela eft bon, mais ne brûlez pas
„ pour cela des écrits plus graves ; car alors
„ cela feroit trop choquant.

„ J'ai tant prêché la tolérance ! Il ne faut
„ pas toujours l'exiger des autres & n'en ja-
„ mais ufer avec eux. Ce pauvre homme croit
„ en Dieu ? paffons-lui cela, il ne fera pas

,, secte. Il est ennuyeux ? Tous les raisonneurs
,, le sont. Nous ne mettrons pas celui-ci de
,, nos soupés; du reste, que nous importe? Si
,, l'on brûloit tous les Livres ennuyeux, que
,, deviendroient les Bibliothéques? & si l'on
,, brûloit tous les gens ennuyeux, il faudroit
,, faire un bucher du pays. Croyez-moi, laiſ-
,, ſons raisonner ceux qui nous laiſſent plai-
,, ſanter; ne brûlons ni gens ni Livres ; &
,, restons en paix ; c'est mon avis. " Voila,
selon moi, ce qu'eut pu dire d'un meilleur ton
M. de Voltaire, & ce n'eut pas été là, ce
me semble, le plus mauvais conseil qu'il
auroit donné.

*Faisons impartialement la comparaison de ces
ouvrages; jugeons en par l'impreſſion qu'ils ont
faite dans le monde.* J'y consens de tout mon
cœur. *Les uns s'impriment & ſe débitent partout.
On sait comment y ont été reçus les autres.*

Ces mots *les uns* & *les autres* sont équivoques. Je ne dirai pas sous lesquels l'Auteur entend mes écrits; mais ce que je puis dire, c'est qu'on les imprime dans tous les pays, qu'on les traduit dans toutes les langues, qu'on à même fait à la fois deux traductions de l'Emile à Londres, honneur que n'eut jamais aucun autre Livre excepté l'Héloïse, au moins, que je sache. Je dirai, de plus, qu'en France, en Angleterre, en Allemagne, même en Italie on me plaint on m'aime on voudroit m'accueillir, & qu'il n'y a par tout qu'un cri d'indignation contre le Conseil de Genève. Voila ce que je sais du sort de mes Ecrits; j'ignore celui des autres.

Il est tems de finir. Vous voyez, Monsieur, que dans cette Lettre & dans la précédente je me suis supposé coupable; mais dans les trois premieres j'ai montré que je ne l'étois pas. Or jugez de ce qu'une procédure injuste contre un coupable doit être contre un innocent!

Cependant ces Messieurs, bien déterminés à laisser subsister cette procédure, ont hautement déclaré que le bien de la Religion ne leur permettoit pas de reconnoître leur tort, ni l'honneur du Gouvernement de réparer leur injustice. Il faudroit un ouvrage entier pour montrer les conséquences de cette maxime qui consacre & change en arrêt du destin toutes les iniquités des Ministres des Loix. Ce n'est pas de cela qu'il s'agit encore, & je ne me suis proposé jusqu'ici que d'examiner si l'injustice avoit été commise, & non si elle devoit être réparée. Dans le cas de l'affirmative, nous verrons ci-après quelle ressource vos Loix se sont ménagée pour remédier à leur violation. En attendant, que faut-il penser de ces juges inflexibles, qui procédent dans leurs jugemens aussi légérement que s'ils ne tiroient point à conséquence, & qui les maintiennent avec autant d'obstination que s'ils y avoient apporté le plus mur examen ?

Quelque longues qu'aient été ces discussions, j'ai cru que leur objet vous donneroit la patience de les suivre ; j'ose même dire que vous le deviez, puisqu'elles font autant l'apologie de vos loix que la mienne. Dans un pays libre & dans une Religion raisonnable, la Loi qui rendroit criminel un Livre pareil au mien seroit une Loi funeste, qu'il faudroit se hâter d'abroger pour l'honneur & le bien de l'Etat. Mais grace au Ciel il n'existe rien de tel parmi vous, comme je viens de le prouver, & il vaut mieux que l'injustice dont je suis la victime soit l'ouvrage du Magistrat que des Loix; car les erreurs des hommes sont passageres, mais celles des Loix durent autant qu'elles.

Loin que l'oſtraciſme qui m'exile à jamais de mon pays ſoit l'ouvrage de mes fautes, je n'ai jamais mieux rempli mon devoir de Citoyen qu'au moment que je ceſſe de l'être, & j'en aurois mérité le titre par l'acte qui m'y fait renoncer.

Rappellez-vous ce qui venoit de ſe paſſer il y avoit peu d'années au ſujet de l'Article *Genève* de M. d'Alembert. Loin de calmer les murmures excités par cet Article l'Ecrit publié par les Paſteurs l'avoit augmenté, & il n'y a perſonne qui ne ſache que mon ouvrage leur fit plus de bien que le leur. Le parti Proteſtant, mécontent d'eux, n'éclatoit pas, mais il pouvoit éclater d'un moment à l'autre, & malheureuſement les Gouvernemens s'allarment de ſi peu de choſe en ces matieres, que les querelles des Théologiens, faites pour tomber dans l'oubli d'elles-mêmes prennent toujours de l'importance par celle qu'on leur veut donner.

Pour moi je regardois comme la gloire & le bonheur de la Patrie d'avoir un Clergé animé d'un esprit si rare dans son ordre, & qui, sans s'attacher à la doctrine purement spéculative, rapportoit tout à la morale & aux devoirs de l'homme & du Citoyen. Je pensois que, sans faire directement son apologie, justifier les maximes que je lui supposois & prévenir les censures qu'on en pourroit faire étoit un service à rendre à l'Etat. En montrant que ce qu'il négligeoit n'étoit ni certain ni utile, j'espérois contenir ceux qui voudroient lui en faire un crime: sans le nommer, sans le désigner, sans compromettre son orthodoxie, c'étoit le donner en exemple aux autres Théologiens.

L'entreprise étoit hardie, mais elle n'étoit pas

pas téméraire, & sans des circonstances qu'il étoit difficile de prévoir, elle devoit naturellement réussir. Je n'étois pas seul de ce sentiment; des gens très éclairés d'illustres Magistrats même pensoient comme moi. Considérez l'état religieux de l'Europe au moment où je publiai mon Livre, & vous verrez qu'il étoit plus que probable qu'il seroit par tout accueilli. La Religion décréditée en tout lieu par la philosophie avoit perdu son ascendant jusques sur le peuple. Les Gens d'Eglise, obstinés à l'étayer par son côté foible, avoient laissé miner tout le reste, & l'édifice entier portant à faux étoit prêt à s'écrouler. Les controverses avoient cessé parce qu'elles n'intéressoient plus personne, & la paix régnoit entre les différens partis, parce que nul ne se soucioit plus du sien. Pour ôter les mauvaises branches on avoit abattu l'arbre; pour le replanter il falloit n'y laisser que le tronc.

Quel moment plus heureux pour établir solidement la paix universelle, que celui où l'animosité des partis suspendue laissoit tout le monde en état d'écouter la raison ? A qui pouvoit déplaire un ouvrage où sans blâmer, du moins sans exclurre personne, on faisoit voir qu'au fond tous étoient d'accord; que tant de dissentions ne s'étoient élevées, que tant de sang n'avoit été versé que pour des malentendus; que chacun devoit rester en repos dans son culte, sans troubler celui des autres; que partout on devoit servir Dieu, aimer son prochain, obéir aux Loix, & qu'en cela seul consistoit l'essence de toute bonne Religion ? C'étoit établir à la fois la liberté philosophique & la piété religieuse; c'étoit concilier l'amour de l'ordre & les égards pour les préjugés d'autrui; c'étoit sans détruire les divers partis les ramener tous au terme commun de l'humanité & de la raison; loin d'exciter des querelles, c'étoit couper la racine à celles qui germent encore, & qui renaîtront infailliblement d'un jour à l'autre, lorsque le zèle du fanatisme qui n'est qu'assoupi se réveillera: c'étoit, en un mot, dans ce siécle pacifique par indifférence, donner à chacun des raisons très fortes, d'être toujours ce qu'il est maintenant sans savoir pourquoi.

Que de maux tout prêts à renaître n'étoient point prévenus si l'on m'eut écouté! Quels inconvéniens étoient attachés à cet avantage? Pas un, non, pas un. Je défie qu'on m'en montre un seul probable & même possible, si ce n'est l'impunité des erreurs innocentes & l'impuissance des persécuteurs. Eh comment se peut-il qu'après tant de tristes expériences & dans un siécle si éclairé, les Gouvernemens n'aient pas encore appris à jetter & brifer cette arme terrible, qu'on ne peut manier avec tant d'adreffe qu'elle ne coupe la main qui s'en veut fervir? L'Abbé de Saint Pierre vouloit qu'on ôtât les écoles de théologie & qu'on foutînt la Religion. Quel parti prendre pour parvenir fans bruit à ce double objet, qui, bien vû, fe confond en un? Le parti que j'avois pris.

Une circonftance malheureufe en arrêtant l'effet de mes bons defleins a raffemblé fur ma tête tous les maux dont je voulois délivrer le genre humain. Renaitra-t-il jamais un autre ami de la vérité que mon fort n'effraye pas? je l'ignore. Qu'il foit plus fage, s'il a le même zèle en fera-t-il plus heureux? J'en doute. Le moment que j'avois faifi, puifqu'il eft manqué, ne reviendra plus. Je fouhaite de tout mon cœur que le Parlement de Paris ne fe repente pas un jour lui-même d'avoir remis dans la main de la superstition le poignard que j'en faisois tomber.

Mais laissons les lieux & les tems éloignés, & retournons à Genève. C'est là que je veux vous ramener par une derniere observation que vous êtes bien à portée de faire, & qui doit certainement vous frapper. Jettez les yeux sur ce qui se passe autour de vous. Quels sont ceux qui me poursuivent, quels sont ceux qui me défendent? Voyez parmi les Répréfentans l'élite de vos Citoyens, Genève en a-t-elle de plus estimables? Je ne veux point parler de mes persécuteurs; à Dieu ne plaise que je souille jamais ma plume & ma cause des traits de la Satyre; je laisse sans regret cette arme à mes ennemis; Mais comparez & jugez vous-même. De quel côté sont les mœurs, les vertus, la solide piété, le plus vrai patriotisme?

Quoi ! j'offense les loix, & leurs plus zélés défenseurs sont les miens ! J'attaque le Gouvernement, & les meilleurs Citoyens m'approuvent ! J'attaque la Religion, & j'ai pour moi ceux qui ont le plus de Religion ! Cette seule observation dit tout ; elle seule montre mon vrai crime & le vrai sujet de mes disgraces. Ceux qui me haïssent & m'outragent font mon éloge en dépit d'eux. Leur haine s'explique d'elle-même. Un Génevois peut-il s'y tromper ?

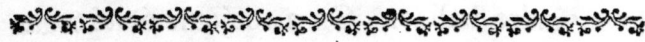

SIXIEME LETTRE.

Encore une Lettre, Monsieur, & vous êtes délivré de moi. Mais je me trouve en la commençant dans une situation bien bizarre; obligé de l'écrire, & ne sachant de quoi la remplir. Concevez-vous qu'on ait à se justifier d'un crime qu'on ignore, & qu'il faille se défendre sans savoir de quoi l'on est accusé? C'est pourtant ce que j'ai à faire au sujet des Gouvernemens. Je suis, non pas accusé, mais jugé, mais flétri pour avoir publié deux Ouvrages *téméraires scandaleux impies, tendans à détruire la Religion Chrétienne & tous les Gouvernemens.* Quant à la Religion, nous avons eu du moins quelque prise pour trouver ce qu'on a voulu dire, & nous l'avons examiné. Mais quant aux Gouvernemens, rien ne peut nous fournir le moindre indice. On a toujours évité toute espece d'explication fur ce point: on n'a jamais voulu dire en quel lieu j'entreprenois ainsi de les détruire, ni comment, ni pourquoi, ni rien de ce qui peut conftater que le délit n'eft pas imaginaire. C'eft comme fi l'on jugeoit quelqu'un pour avoir tué un homme fans dire ni où, ni qui, ni quand; pour un meurtre abftrait. A l'Inquifition l'on force bien l'accufé de deviner de quoi on l'accufe, mais on ne le juge pas fans dire fur quoi.

L'Auteur des Lettres écrites de la Campagne évite avec le même foin de s'expliquer fur ce prétendu délit; il joint également la Religion & les Gouvernemens dans la même accufation générale: puis, entrant en matiere fur la Religion, il déclare vouloir s'y borner, & il tient parole. Comment parviendrons-nous à vérifier l'accufation qui regarde les Gouvernemens, fi ceux qui l'intentent refusent de dire sur quoi elle porte?

Remarquez même comment d'un trait de plume cet Auteur change l'état de la question. Le Conseil prononce que mes Livres tendent à détruire tous les Gouvernemens. L'Auteur des Lettres dit seulement que les Gouvernemens y sont livrés à la plus audacieuse critique. Cela est fort différent. Une critique, quelque audacieuse qu'elle puisse être n'est point une conspiration. Critiquer ou blâmer quelques Loix n'est pas renverser toutes les Loix. Autant vaudroit accuser quelqu'un d'assassiner les malades lorsqu'il montre les fautes des Médecins.

Encore une fois, que répondre à des raisons qu'on ne veut pas dire? Comment se justifier contre un jugement porté sans motifs? Que, sans preuve de part ni d'autre, ces Messieurs disent que je veux renverser tous les

Gouvernemens, & que je dife, moi, que je ne veux pas renverfer tous les Gouvernemens, il y a dans ces affertions parité exacte, excepté que le préjugé eft pour moi ; car il eft à préfumer que je fais mieux que perfonne ce que je veux faire.

Mais où la parité manque, c'eft dans l'effet de l'affertion. Sur la leur mon Livre eft brûlé, ma perfonne eft décrétée ; & ce que j'affirme ne rétablit rien. Seulement, fi je prouve que l'accufation eft fauffe & le jugement inique, l'affront qu'ils m'ont fait retourne à eux-mêmes : Le décret, le Bourreau tout y devroit retourner ; puifque nul ne détruit fi radicalement le Gouvernement, que celui qui en tire un ufage directement contraire à la fin pour laquelle il eft inftitué.

Il ne fuffit pas que j'affirme, il faut que je prouve ; & c'eft ici qu'on voit combien eft déplorable le fort d'un particulier foumis à d'injuftes Magiftrats, quand ils n'ont rien à craindre du Souverain, & qu'ils fe mettent au deffus des loix. D'une affirmation fans preuve, ils font une démonftration ; voila l'innocent puni. Bien plus, de fa défenfe même ils lui font un nouveau crime, & il ne tiendroit pas à eux de le punir encore d'avoir prouvé qu'il étoit innocent.

Comment m'y prendre pour montrer qu'ils n'ont pas dit vrai ; pour prouver que je ne détruis point les Gouvernemens ? Quelque endroit de mes Ecrits que je défende, ils diront que ce n'eft pas celui-là qu'ils ont condanné ; quoiqu'ils ayent condanné tout, le bon comme le mauvais, fans nulle diftinction. Pour ne leur laiffer aucune défaite, il faudroit donc tout reprendre, tout fuivre d'un bout à l'autre, Livre à Livre, page à page, ligne à ligne, &

presque enfin, mot à mot. Il faudroit de plus, examiner tous les Gouvernemens du monde, puisqu'ils disent que je les détruis tous. Quelle entreprise ! que d'années y faudroit-il employer ? Que d'*in-folios* faudroit-il écrire ; & après cela, qui les liroit ?

Exigez de moi ce qui est faisable. Tout homme sensé doit se contenter de ce que j'ai à vous dire : vous ne voulez sûrement rien de plus.

De mes deux Livres brûlés à la fois sous des imputations communes, il n'y en a qu'un qui traite du droit politique & des matieres de Gouvernement. Si l'autre en traite, ce n'est que dans un extrait du premier. Ainsi je suppose que c'est sur celui-ci seulement que tombe l'accusation. Si cette accusation portoit sur quelque passage particulier, on l'auroit cité, sans doute; on en auroit du moins extrait quelque maxime, fidelle ou infidelle, comme on a fait fur les points concernans la Religion.

C'eſt donc le Syſtême établi dans le corps de l'ouvrage qui détruit les Gouvernemens; il ne s'agit donc que d'expoſer ce Syſtême ou de faire une analyſe du Livre; & ſi nous n'y voyons évidemment, les principes deſtructifs dont il s'agit, nous ſaurons du moins où les chercher dans l'ouvrage, en ſuivant la méthode de l'Auteur.

Mais, Monſieur, ſi durant cette analyſe, qui ſera courte, vous trouvez quelque conſéquence à tirer, de grace ne vous preſſez pas. Attendez que nous en raiſonnions enſemble. Après cela vous y reviendrez ſi vous voulez.

Qu'eſt-ce qui fait que l'Etat eſt un? C'eſt l'union de ſes membres. Et d'où nait l'union de ſes membres? De l'obligation qui les lie.

Tout est d'accord jusqu'ici.

Mais quel est le fondement de cette obligation ? Voila où les Auteurs se divisent. Selon les uns, c'est la force ; selon d'autres, l'autorité paternelle ; selon d'autres, la volonté de Dieu. Chacun établit son principe & attaque celui des autres : je n'ai pas moi-même fait autrement, &, suivant la plus saine partie de ceux qui ont discuté ces matieres, j'ai posé pour fondement du corps politique la convention de ses membres, j'ai réfuté les principes différens du mien.

Indépendamment de la vérité de ce principe, il l'emporte sur tous les autres par la solidité du fondement qu'il établit ; car quel fondement plus sûr peut avoir l'obligation parmi les hommes que le libre engagement de celui qui s'oblige ? On peut disputer tout autre principe (*a*); on ne ſauroit diſputer celui-là.

Mais par cette condition de la liberté, qui en renferme d'autres, toutes ſortes d'engagemens ne ſont pas valides, même devant les Tribunaux humains. Ainſi pour déterminer celui-ci l'on doit en expliquer la nature, on doit en trouver l'uſage & la fin, on doit prouver qu'il eſt convenable à des hommes, & qu'il n'a rien de contraire aux Loix naturelles: car il n'eſt pas plus permis d'enfreindre les Loix naturelles par le Contract Social, qu'il n'eſt permis d'enfreindre les Loix poſitives par les Contracts des particuliers, & ce n'eſt que par ces Loix-mêmes qu'exiſte la liberté

(*a*) Même celui de la volonté de Dieu, du moins quant à l'application. Car bien qu'il ſoit clair que ce que Dieu veut l'homme doit le vouloir, il n'eſt pas clair que Dieu veuille qu'on préfere tel Gouvernement à tel autre, ni qu'on obéiſſe à Jaques plutôt qu'à Guillaume. Or voila dequoi il s'agit.

qui donne force à l'engagement.

J'ai pour réſultat de cet examen que l'établiſſement du Contract Social eſt un pacte d'une eſpece particuliere, par lequel chacun s'engage envers tous, d'où s'enſuit l'engagement réciproque de tous envers chacun, qui eſt l'objet immédiat de l'union.

Je dis que cet engagement eſt d'une eſpece particuliere, en ce qu'étant abſolu, ſans condition, ſans réſerve, il ne peut toutefois être injuſte ni ſuſceptible d'abus; puiſqu'il n'eſt pas poſſible que le corps ſe veuille nuire à lui-même, tant que le tout ne veut que pour tous.

Il eſt encore d'une eſpece particuliere en ce qu'il lie les contractans ſans les aſſujétir à perſonne, & qu'en leur donnant leur ſeule volonté pour regle il les laiſſe auſſi libres qu'auparavant.

La volonté de tous eſt donc l'ordre la regle
ſuprê-

LETTRE.

suprême, & cette regle générale & personifiée est ce que j'appelle le Souverain.

Il suit de-là que la Souveraineté est indivisible, inaliénable, & qu'elle réside essenciellement dans tous les membres du corps.

Mais comment agit cet être abstrait & collectif? Il agit par des Loix, & il ne sauroit agir autrement.

Et qu'est-ce qu'une Loi? C'est une déclaration publique & solemnelle de la volonté générale, sur un objet d'intérêt commun.

Je dis, sur un objet d'intérêt commun ; parce que la Loi perdroit sa force & cesseroit d'être légitime, si l'objet n'en importoit à tous.

La Loi ne peut par sa nature avoir un objet particulier & individuel : mais l'application de la Loi tombe sur des objets particuliers & individuels.

Le pouvoir Législatif qui est le Souverain

Partie I.   X

donc besoin d'un autre pouvoir qui exécute, c'est-à-dire, qui réduise la Loi en actes particuliers. Ce second pouvoir doit être établi de maniere qu'il exécute toujours la Loi, & qu'il n'exécute jamais que la Loi. Ici vient l'institution du Gouvernement.

Qu'est-ce que le Gouvernement ? C'est un corps intermédiaire établi entre les *sujets* & le Souverain pour leur mutuelle correspondance, chargé de l'exécution des Loix & du maintien de la Liberté tant civile que politique. Le Gouvernement comme partie intégrante du corps politique participe à la volonté générale qui le constitue ; comme corps lui même il a sa volonté propre. Ces deux volontés quelques fois s'accordent & quelques fois se combattent. C'est de l'effet combiné de ce concours & de ce conflit que résulte le jeu de toute la machine.

LETTRE. 323

Le principe qui conſtitue les diverſes formes du Gouvernement conſiſte dans le nombre des membres qui le compoſent. Plus ce nombre eſt petit, plus le Gouvernement a de force ; plus le nombre eſt grand, plus le Gouvernement eſt foible ; & comme la ſouveraineté tend toujours au relâchement, le Gouvernement tend toujours à ſe renforcer. Ainſi le Corps exécutif doit l'emporter à la longue ſur le corps légiſlatif, & quand la Loi eſt enfin ſoumiſe aux hommes, il ne reſte que des eſclaves & des maîtres ; l'Etat eſt détruit.

Avant cette deſtruction, le Gouvernement doit par ſon progrès naturel changer de forme & paſſer par degrés du grand nombre au moindre.

Les diverſes formes dont le Gouvernement eſt ſuſceptible ſe réduiſent à trois principales. Après les avoir comparées par leurs avantages

& par leurs inconvéniens, je donne la préférence à celle qui eſt intermédiaire entre les deux extrêmes, & qui porte le nom d'Ariſtocratie. On doit ſe ſouvenir ici que la conſtitution de l'Etat & celle du Gouvernement ſont deux choſes très diſtinctes, & que je ne les ai pas confondues. Le meilleur des Gouvernemens eſt l'ariſtocratique; la pire des ſouverainetés eſt l'ariſtocratique.

Ces diſcuſſions en amenent d'autres ſur la maniere dont le Gouvernement dégénere, & ſur les moyens de retarder la deſtruction du corps politique.

Enfin dans le dernier Livre j'examine par voye de comparaiſon avec le meilleur Gouvernement qui ait exiſté, ſavoir celui de Rome, la police la plus favorable à la bonne conſtitution de l'Etat; puis je termine ce Livre & tout l'Ouvrage par des recherches ſur la maniere dont la Religion peut & doit entrer comme partie conſtitutive dans la compoſition du corps politique.

Que penſiez-vous, Monſieur, en liſant cette analyſe courte & fidelle de mon Livre? Je le devine. Vous diſiez en vous-même; voilà l'hiſtoire du Gouvernement de Genève. C'eſt ce qu'ont dit à la lecture du même Ouvrage tous ceux qui connoiſſent votre Conſtitution.

Et en effet, ce Contract primitif, cette eſſence de la Souveraineté, cet empire des Loix, cette inſtitution du Gouvernement, cette maniere de le reſſerrer à divers dégrés pour compenſer l'autorité par la force, cette tendance à l'uſurpation, ces aſſemblées périodiques, cette adreſſe à les ôter, cette deſtruction prochaine, enfin, qui vous menace & que je voulois prévenir; n'eſt-ce pas trait pour trait l'image de votre République, depuis ſa naiſſance juſqu'à ce jour?

J'ai donc pris votre Conſtitution, que je trouvois belle, pour modele des inſtitutions politiques, & vous propoſant en exemple à l'Europe, loin de chercher à vous détruire j'expoſois les moyens de vous conſerver. Cette Conſtitution, toute bonne qu'elle eſt, n'eſt pas ſans défaut; on pouvoit prévenir les altérations qu'elle a ſouffertes, la garantir du danger qu'elle court aujourd'hui. J'ai prévu ce danger, je l'ai fait entendre, j'indiquois des préſervatifs; étoit-ce la vouloir détruire que de montrer ce qu'il falloit faire pour la maintenir? C'étoit par mon attachement pour elle que j'aurois voulu que rien ne pût l'altérer. Voila tout mon crime; j'avois tort, peut-être; mais ſi l'amour de la patrie m'aveugla ſur cet article, étoit-ce à elle de m'en punir?

Comment pouvois-je tendre à renverſer tous les Gouvernemens, en poſant en principes tous ceux du vôtre? Le fait seul détruit l'accusation. Puisqu'il y avoit un Gouvernement existant sur mon modele, je ne tendois donc pas à détruire tous ceux qui existoient. Eh! Monsieur ; si je n'avois fait qu'un Systême, vous êtes bien sûr qu'on n'auroit rien dit. On se fut contenté de reléguer le Contract Social avec la République de Platon l'Utopie & les Sévarambes dans le pays des chimeres. Mais je peignois un objet existant, & l'on vouloit que cet objet changeât de face. Mon Livre portoit témoignage contre l'attentat qu'on alloit faire. Voila ce qu'on ne m'a pas pardonné.

Mais voici qui vous paroitra bizarre. Mon Livre attaque tous les Gouvernemens, & il n'est proscrit dans aucun! Il en établit un seul, il le propose en exemple, & c'est dans celui-là qu'il est brûlé! N'est-il pas singulier que les Gouvernemens attaqués se taisent, & que le Gouvernement respecté sévisse? Quoi! Le Magistrat de Genève se fait le protecteur des autres Gouvernemens contre le sien même! Il punit son propre Citoyen d'avoir préféré les Loix de son pays à toutes les autres! Cela est-il concevable, & le croiriez-vous si vous ne l'eussiez vû? Dans tout le reste de l'Europe quelqu'un s'est-il avisé de flétrir l'ouvrage? Non ; pas même l'Etat où il a été imprimé (*b*). Pas même la France où les Magistrats sont là-dessus si séveres. Y a-t-on défendu le Livre? Rien de semblable ; on n'a pas laissé d'abord entrer l'édition de Hollande, mais on l'a contrefaite en France, & l'ouvrage y court sans difficulté. C'étoit donc une

---

(*b*) Dans le fort des premieres clameurs causées par les procédures de Paris & de Genève, le Magistrat surpris défendit les deux Livres : mais sur son propre examen ce sage Magistrat a bien changé de sentiment, surtout quant au Contract Social.

affaire de commerce & non de police : on préféroit le profit du Libraire de France au profit du Libraire étranger. Voila tout.

Le Contract Social n'a été brûlé nulle part qu'à Genève où il n'a pas été imprimé ; le seul Magistrat de Genève y a trouvé des principes destructifs de tous les Gouvernemens. A la vérité, ce Magistrat n'a point dit quels étoient ces principes ; en cela je crois qu'il a fort prudemment fait.

L'effet des défenses indiscretes est de n'être point observées & d'énerver la force de l'autorité. Mon Livre est dans les mains de tout le monde à Genève, & que n'est-il également dans tous les cœurs ! Lisez-le, Monsieur, ce Livre si décrié, mais si nécessaire ; vous y verrez partout la Loi mise au dessus des hommes; vous y verrez par tout la liberté réclamée, mais toujours sous l'autorité des loix;

sans lesquelles la liberté ne peut exister, & sous lesquelles on est toujours libre, de quelque façon qu'on soit gouverné. Par là je ne fais pas, dit-on, ma cour aux puissances : tant pis pour elles ; car je fais leurs vrais intérêts, si elles savoient les voir & les suivre. Mais les passions aveuglent les hommes sur leur propre bien. Ceux qui soumettent les Loix aux passions humaines sont les vrais destructeurs des Gouvernemens : voila les gens qu'il faudroit punir.

Les fondemens de l'Etat sont les mêmes dans tous les Gouvernemens, & ces fondemens sont mieux posés dans mon Livre que dans aucun autre. Quand il s'agit ensuite de comparer les diverses formes de Gouvernement, on ne peut éviter de peser séparément les avantages & les inconvéniens de chacun : c'est ce que je crois avoir fait avec impartialité. Tout balancé, j'ai donné la préférence au Gouvernement de mon pays. Cela étoit naturel & raisonnable; on m'auroit blâmé si je ne l'eusse pas fait. Mais je n'ai point donné d'exclusion aux autres Gouvernemens; au contraire: j'ai montré que chacun avoit sa raison qui pouvoit le rendre préférable à tout autre, selon les hommes les tems & les lieux. Ainsi loin de détruire tous les Gouvernemens, je les ai tous établis.

En parlant du Gouvernement Monarchique en particulier, j'en ai bien fait valoir l'avantage, & je n'en ai pas non plus déguisé les défauts. Cela est, je pense, du droit d'un homme qui raisonne; & quand je lui aurois donné l'exclusion, ce qu'assurément je n'ai pas fait, s'ensuivroit-il qu'on dut m'en punir à Genève? Hobbes a-t-il été décrété dans quelque Monarchie parce que ses principes sont destructifs de tout Gouvernement républicain, & fait-on le procès chez les Rois aux Auteurs qui rejettent & dépriment les Républiques? Le droit n'est-il pas réciproque, & les Républicains ne sont-ils pas Souverains dans leur pays comme les Rois le sont dans le leur. Pour moi, je n'ai rejetté aucun Gouvernement, je n'en ai méprisé aucun. En les examinant, en les comparant j'ai tenu la balance & j'ai calculé les poids : je n'ai rien fait de plus.

On ne doit punir la raison nulle part, ni même le raisonnement; cette punition prouveroit trop contre ceux qui l'imposeroient. Les Répréfentans ont très bien établi que mon Livre, où je ne fors pas de la théfe générale, n'attaquant point le Gouvernement de Genève & imprimé hors du territoire, ne peut être confidéré que dans le nombre de ceux qui traitent du droit naturel & politique, sur lesquels les Loix ne donnent au Conseil aucun pouvoir, & qui se sont toujours vendus publiquement dans la Ville, quelque principe qu'on y avance & quelque sentiment qu'on y soutienne. Je ne suis pas le seul qui discutant par abstraction des questions de politique ait pu les traiter avec quelque hardiesse; chacun ne le fait pas, mais tout homme a droit de le faire; plusieurs usent de ce droit, & je suis le seul qu'on punisse pour en avoir usé. L'infortuné Sydnei pensoit comme moi, mais il agissoit; c'est pour son fait & non pour son Livre qu'il eut l'honneur de verser son sang. Althusius en Allemagne s'attira des ennemis, mais on ne s'avisa pas de le poursuivre criminellement. Locke, Montesquieu, l'Abbé de Saint Pierre ont traité les mêmes matieres, & souvent avec la même liberté tout au moins. Locke en particulier les a traitées exactement dans les mêmes principes que moi. Tous trois sont nés sous des Rois, ont vécu tranquilles & sont morts honorés dans leurs pays. Vous savez comment j'ai été traité dans le mien.

Aussi soyez sûr que loin de rougir de ces flétrissures je m'en glorifie, puisqu'elles ne servent qu'à mettre en évidence le motif qui me les attire, & que ce motif n'est que d'avoir bien mérité de mon pays. La conduite du Conseil envers moi m'afflige, sans doute, en rompant des nœuds qui m'étoient si chers; mais peut-elle m'avilir ? Non, elle m'éleve, elle me met au rang de ceux qui ont souffert pour la liberté. Mes Livres, quoi qu'on fasse, porteront toujours témoignage d'eux-mêmes, & le traitement qu'ils ont reçu ne fera que sauver de l'opprobre ceux qui auront l'honneur d'être brûlés après eux.

Fin de la premiere Partie.

198 Serment des Sindics de maintenir l'honneur de l'église de Dieu & la pure Religion.

BIBL. NATIONALE

J. J. ROUSSEAU

LETTRES
ÉCRITES
DE
LA MONTAGNE

IERE PARTIE

AMSTERDAM 1764

www.ingramcontent.com/pod-product-compliance
Lightning Source LLC
Chambersburg PA
CBHW070845170426
43202CB00012B/1944